Iris Willecke

Wie aus Trauer Liebe und Dankbarkeit wird

humboldt

INHALT

VORWORT

Liebe Leserin, lieber Leser,

auch wenn es im Bereich der Trauerbegleitung mittlerweile eine große Vielfalt an unterschiedlichsten Angeboten gibt, fühlt sich nicht jeder davon angesprochen. Mit diesem Buch möchte ich vor allem den Menschen etwas an die Hand geben, die mit ihrer Trauer lieber alleine bleiben möchten. Sie bekommen die Chance, gängige Themen aus Begleitungen oder Trauergruppen kennenzulernen, sodass eine selbstständige Beschäftigung im eigenen Tempo von zu Hause aus möglich wird.

Da es meines Wissens bisher kein deutschsprachiges Buch mit Schreibimpulsen speziell für Trauernde auf dem Markt gibt, fand ich es höchste Zeit, diese Lücke zu schließen. Dieses Buch ist für Menschen gedacht, die nach dem Tod einer ihnen sehr vertrauten, geliebten Person trauern und die sich über das Schreiben aktiv mit verschiedenen Aspekten der Trauer auseinandersetzen möchten.

Das Schreiben sehe ich aus vielerlei Gründen als wunderbare Ausdrucksmöglichkeit gerade in Zeiten der Trauer an. Genau deshalb ist dieses Buch entstanden.

Im **ersten Teil** stelle ich Ihnen Grundlagenwissen über Trauer zur Verfügung, denn wer Fakten kennt, kann Dinge besser einordnen. Leider wird Trauer nicht einfach von alleine besser, nur weil Zeit vergeht. Wir müssen uns der Trauer stellen und sie zulassen. Es gibt zwei kurze, prägnante Sätze, die ich gerne und viel nutze. Sie lauten „In der Trauer hilft nur trauern" und „Der einzige Weg aus der Trauer heraus führt mittendurch."[1]

Der **zweite Teil** greift Themen und Fragestellungen auf, die Sie im Trauerprozess ein Stück weiterbringen können. Ich gebe Ihnen Impulse an die Hand, mithilfe derer Sie sich schreibend mit bestimmten Themen auseinandersetzen können. Das beugt einem Steckenbleiben in der Trauer vor und eröffnet neue Perspektiven. Ebenso hilft es dabei, den Verlust schneller und besser ins eigene Leben integrieren zu können, wodurch irgendwann ein gutes Weiterleben für Sie möglich wird.

Ich bin überzeugt und fasziniert von der Wirkung, die Schreiben in Zeiten der Trauer haben kann. Damit Sie ein möglichst breites Spektrum an Möglichkeiten kennenlernen, habe ich mich für eine Vielfalt an Schreibmethoden entschieden. Ich halte Sie auch bewusst nicht lange mit Erklärungen auf, sondern lasse Sie verschiedene Dinge einfach ausprobieren.

Als Trauernde habe ich vor vielen Jahren intuitiv meine Gedanken und Gefühle in einem Notizheft festgehalten und Briefe an meinen verstorbenen Verlobten verfasst. Mir hat es damals sehr geholfen, der Trauer und dem ganzen Schmerz auf diese Art einen Ausdruck geben zu können. Zu dieser Zeit wusste ich leider noch nichts über „kreatives" oder „selbsttherapeutisches" Schreiben und kannte keine hilfreichen Schreibaufgaben, die mich in meiner Trauer weiter unterstützt hätten. Erst während meiner Ausbildung zur Trauerbegleiterin erlangte ich auch theoretisches Wissen über die positiven Auswirkungen des Schreibens und beschäftigte mich ausführlicher mit dem Thema. Seitdem gebe ich gerne Schreibimpulse an die Teilnehmenden meiner Trauergruppen oder in Einzelbegleitungen weiter. Die Rückmeldungen bestätigen mir regelmäßig, wie förderlich die schriftliche Auseinandersetzung mit trauerrelevanten Themen sein kann.

Der **dritte Teil** enthält einige allgemeinere Tipps, die ebenfalls für Sie hilfreich sein können.

Ich hoffe sehr, dass Sie in diesem Buch viele für Sie nützliche Informationen und Anregungen finden, die Sie auf Ihrem ganz persönlichen Trauerweg unterstützen.

Ihre

TRAUER VERSTEHEN

Meiner Erfahrung nach profitieren trauernde Menschen sehr davon, wenn sie ein Verständnis davon gewinnen, was Trauer eigentlich ist. So können sie die eigenen Gefühle und Trauerreaktionen besser verstehen und sich leichter den neuen Herausforderungen stellen, die ihnen auf ihrem Trauerweg begegnen werden. Im folgenden Kapitel lesen Sie, was Sie über Trauer wissen sollten.

Was ist Trauer überhaupt?

> *Wir sollten aufhören, die Trauer als unseren Feind zu betrachten. Sie ist viel eher eine gute Freundin, die uns ein Stück begleiten möchte. Wenn wir sie willkommen heißen und gut behandeln, hilft sie uns dabei, den Verlust in unser Leben zu integrieren und ein gutes Weiterleben zu ermöglichen. Sie ist es auch, die mit der Zeit den Schmerz und die Verzweiflung verwandelt und Platz für Liebe und Dankbarkeit schafft.*
>
> Iris Willecke

Für mich ist die Trauer nach dem Tod einer nahestehenden Person der Weg, den wir gehen müssen, um irgendwann wieder in einem guten, glücklichen Leben anzukommen. Dieser Weg kann lang und sehr mühsam sein. Niemand kann ihn uns abnehmen, wir können zwar begleitet werden, aber gehen müssen wir ihn selbst.

Es fällt den meisten allerdings schwer, sich auf den Weg voll und ganz einzulassen und sich genügend Zeit dafür zu lassen. Wir suchen nach Abkürzungen und wollen schnell wieder im normalen Alltag ankommen. Wir befürchten aufzufallen und setzen uns selber unter Druck, um wenigsten nach außen hin ganz bald wieder normal zu funktionieren. Natürlich liegt das nicht nur an uns selbst, sondern vor allem an den gesellschaftlichen Anforderungen unserer Zeit.

Wir leben in einer Trauervermeidungskultur, in der Trauer als etwas Negatives angesehen wird und daher ganz schnell wieder verschwinden soll. Die wenigsten Menschen empfinden gerne Schmerzen, egal ob psychisch oder physisch. Trauer nicht spüren zu wollen und sie deshalb eher zu verdrängen, ist also im Grunde erst einmal sehr verständlich. Aber Trauer zu unterdrücken, kann auf Dauer krank machen. Wie bereits erwähnt, führt der einzige Weg aus der Trauer heraus mitten hindurch.

Etwas bleibt gewiss:
Über die Trauer kommen wir nicht hinweg.
Wir können nur durch sie hindurchgehen,
um sie zu überwinden.
Der Weg in die Trauer ist,
so seltsam sich das zunächst anhören mag,
der Weg aus der Trauer heraus.

Antje Sabine Naegeli[1]

Trauer ist ein ganz natürlicher Prozess und keine Krankheit, aber unter Umständen kann Trauer auch zu der Entstehung von Krankheiten oder Störungen beitragen. Das geschieht meist dann, wenn der Trauerprozess ins Stocken gerät und keinerlei Veränderungen mehr stattfinden. Wer beispielsweise über Monate hinweg Verbitterung bei sich wahrnimmt, sollte nach Unterstützung suchen. Reden Sie mit anderen, wenn Sie Sorge haben, Sie würden nur noch auf der Stelle treten. Außenstehende erkennen Veränderungen in der Regel besser als man selbst. Auch bei anhaltenden Suizidgedanken ist unbedingt Hilfe erforderlich. Bitte vergessen Sie nie: Sich Hilfe zu suchen und diese anzunehmen, zeugt von Stärke, nicht von Schwäche! Hilfreiche Adressen finden Sie im Anhang auf Seite 168.

Wichtig zu wissen ist, dass Trauer immer etwas sehr Individuelles ist. Jeder Mensch trauert auf seine ganz eigene Art. Daher gibt es keine pauschalen Ratschläge, die für jeden passen. Hören Sie nicht auf das, was man Ihnen einreden will, wenn es sich für Sie nicht stimmig anfühlt. Nur Sie alleine wissen, was wann für Sie passt. Sie sind der Spezialist, was Ihre Trauer angeht, niemand sonst! Wenn Sie sich nicht sicher sind, probieren Sie Dinge aus, um festzustellen, ob sie Ihnen zurzeit guttun oder nicht. Sinnvoll ist es allerdings, offen für erneute Versuche zu einem späteren Zeitpunkt zu bleiben, denn in der Trauer kann sich vieles schnell ändern.

Trauer ist so viel mehr als nur traurig sein. Die meisten von uns durchleben ein regelrechtes Gefühlschaos mit ganz unterschiedlichen, zum Teil auch sehr verwirrenden oder als negativ angesehenen Emotionen.

> *Trauer ist so viel mehr als nur traurig sein.*
> *Zu trauern kann auch bedeuten, sich im eigenen Leben*
> *und der Welt fremd und verloren zu fühlen.*
>
> Iris Willecke

Der Tod eines geliebten Menschen hat fast immer weit mehr Auswirkungen als nur auf unser Gefühlsleben. Er kann unser gesamtes Leben auf den Kopf stellen. Dieser Umstand wird vom sozialen Umfeld oft nicht im vollen Ausmaß erfasst.

Trauer wird gerne mit Schwerstarbeit verglichen. Der Begriff „Trauerarbeit“ passt für mich allerdings nur bedingt, denn in der Trauer kommt es eben nicht nur auf unser aktives Tun an. Vieles hat auch mit Zulassen und Akzeptieren zu tun. Allerdings verbinden wir den Begriff Schwerstarbeit mit einer hohen, fast immer auch körperlichen Anstrengung, und das gefällt mir wiederum gut, denn auch für den Körper kann Trauer sehr kräftezehrend und belastend sein. Immer wieder berichten mir Trauernde von vielen ganz unterschiedlichen körperlichen Symptomen wie Schmerzen, Engegefühlen, Schlafproblemen, Appetitlosigkeit oder Konzentrationsschwierigkeiten.

In unserer Gesellschaft ist leider kaum bekannt, dass Trauer mitunter viel Zeit braucht. Drei bis fünf Jahre sind nach schweren Verlusten völlig normal. Das bedeutet nicht, dass jeder so lange trauert, aber es kann und darf sein. Setzen Sie sich niemals selbst unter Druck, es müsse doch nun langsam mal gut sein! Und wenn von mehreren Jahren die Rede ist, dann bedeutet es zum Glück nicht, dass der Schmerz jeden Tag über Jahre gleich stark ist.

Trauer ist wie der Ozean;
sie kommt in Wellen,
die abschwellen und fließen.
Manchmal ist das Wasser ruhig
und manchmal ist es überwältigend.
Wir können nur schwimmen lernen.

Vicki Harrison[2]

Trauer kommt in Wellen. Das heißt, dass sie mal weniger deutlich spürbar ist oder schon fast vergessen scheint, sich dann aber doch wieder zurückmeldet und man auch erneut das Gefühl haben kann, im Meer der Trauer zu ertrinken. Gut ist es, in solchen Zeiten seine persönlichen „Rettungsringe“ zu kennen (mehr dazu siehe Seite 89).

Ich mag den Vergleich von Trauer mit einer Heldenreise sehr. Die Heilpraktikerin Antje Uffmann hat ihn zuerst in ihrem Buch „Trauern und leben“ vorgestellt. Die Trauerbegleiterin Anja Wiese hat in Anlehnung daran im Buch „Um Kinder trauern“ folgende Zeilen veröffentlicht:

Jeder Trauernde ist ein Held,
dem unsäglich viel zugemutet wird:
in einer total veränderten Innen- und Außenwelt
muss er Übermenschliches leisten.
Die Zeit der Trauer ist mehr
als ein Aufenthalt in einem fremden Land –
sie ist eine Reise in eine fremde Welt,
und der Trauernde lernt kennen,
dass Sprache von der Erlebniswelt des Fühlens
weit entfernt ist!
Sich mit dieser fremden Welt – innen und außen –
vertraut zu machen, ist der Trauerprozess.
Wenn der trauernde Mensch sich den Gefahren dieser
Reise aussetzt und seinen Weg durch das Unbekannte
findet, kehrt er verändert zurück.

Anja Wiese[3]

Trauern heißt lieben. Zumindest meistens. Wäre uns der Mensch nicht so unglaublich wichtig gewesen, würden wir ihn nicht so sehr vermissen. Unsere Liebe für den Verstorbenen drückt sich nun in Form schmerzhafter Sehnsucht aus.

> *Wir haben dich sehr geliebt.*
> *Aber unsere Liebe war sprachlos und mit Schleiern verhüllt. Jetzt schreit sie laut zu dir und möchte aufgedeckt vor dir stehen.*
> *Es war schon immer so, dass die Liebe ihre eigene Tiefe bis zu Stunde der Trennung nicht kennt.*
>
> Khalil Gibran[4]

Leider wird uns der Wert von Menschen, aber auch Dingen oder Umständen erst so richtig bewusst, wenn wir sie verloren haben. Nun bereuen wir unsere Ignoranz und machen uns Vorwürfe.

> *Zur Trauer über den Tod eines Mitmenschen kommt stets das Bedauern über das, was man mit ihm nicht gelebt hat.*
>
> Ernst Reinhardt[5]

Wenn der Tod uns einen Menschen genommen hat, ist plötzlich keine Zeit mehr, noch irgendetwas gemeinsam zu erleben oder Dinge zu klären. Auch all das, was uns in einer Beziehung womöglich gefehlt hat, wird nun nicht mehr nachgeholt. Viele Hoffnungen, die wir in die Zukunft hatten, sind oder scheinen zumindest vorerst mit dem Menschen gestorben zu sein. Auch damit gilt es, in der Trauer umzugehen. Sie sehen, Trauer ist ganz viel auf einmal und ein wirklich großes und wichtiges Thema.

Trauer braucht Ausdruck

Gib Worte deinem Schmerz: Gram, der nicht spricht,
presst das beladne Herz, bis dass es bricht.

William Shakespeare[6]

Trauer braucht Ausdruck. Der Ausdruck sorgt dafür, dass Emotionen überhaupt erst einmal richtig wahrgenommen werden und sie sich dann mit der Zeit verändern können. Oft sind wir uns unserer Gefühle gar nicht wirklich bewusst. Wir meinen, wir wären „nur“ traurig, dabei kann dahinter auch ganz viel Wut, Enttäuschung, Neid usw. liegen. Das sind oft Emotionen, die wir nicht wahrhaben wollen und die wir deshalb teils bewusst, teils unbewusst verdrängen.

Unterdrückte Gefühle können uns aber krank machen. Gefühle, denen keine Beachtung geschenkt wird, bleiben im Körper verhaftet und können dort eine zerstörerische Wirkung entfalten. Manchmal wirken sie ganz im Stillen, manchmal brodeln sie wie ein unterirdischer Vulkan, bei dem es irgendwann zu einem unerwarteten, aber umso heftigeren Ausbruch kommen kann.

Unterdrückte Gefühle sind wie Inhaftierte, die jeden
Ausbruchsversuch wagen, um sich zu befreien.
Du kannst ihrer ebenso wenig Herr werden, wie du
leben könntest, ohne zu atmen.

Peter E. Schumacher[7]

Der Ausdruck nimmt den Gefühlen ihre Wucht. Dadurch, dass sie akzeptiert und angeschaut werden, können sie anfangen, sich zu verändern.

> *Drücke deine Gefühle aus und du wirst sie beherrschen. Unterdrücke deine Gefühle und sie werden dich beherrschen.*
>
> Autor unbekannt

Es gibt viele Formen, wie Ausdruck geschehen kann: Reden, Weinen, Tanzen, Aktivität, Kreativität, Schreiben … Erst einmal bevorzugen wir in der Trauer die Ausdrucksformen, die wir ohnehin nutzen. Es lohnt sich aber, bewusst neue Ausdrucksmöglichkeiten auszuprobieren oder sich auf früher genutzte zurückzubesinnen. Viele Trauernde haben für sich z. B. das Malen neu oder auch wiederentdeckt, andere sind über die Trauer zum Schreiben gekommen.

Die Liste der positiven Aspekte, die durchs Schreiben (zum Teil auch wissenschaftlich belegt) beobachtet werden können, ist sehr lang. Hier nenne ich einige:

- Schreiben kann Erleichterung bringen. Es heißt nicht umsonst, „sich etwas von der Seele schreiben“.
- Es fördert den Prozess der inneren Auseinandersetzung mit der Trauer.
- Es hilft, Worte für eigentlich Unbegreifliches und Unaussprechliches zu finden.
- Über das Schreiben bekommen wir Zugang zu Unbewusstem, und es hilft uns, neue Perspektiven zu entdecken.

Traueraufgaben

„Traueraufgaben“ klingt für Sie komisch? Das kann ich gut verstehen. Der Begriff stammt aus den sogenannten Trauermodellen. Mit Trauermodellen wird versucht, Trauer besser erklärbar zu machen. Auch wenn Trauer immer ein sehr individueller Prozess ist, so gibt es viele Gemeinsamkeiten, die mithilfe von Modellen verständlich gemacht und festgehalten werden können.

Es gibt eine ganze Reihe verschiedener Trauermodelle. Zuerst entstanden die Phasenmodelle. Hierzulande ist sicherlich das der Schweizer Psychologin Verena Kast am bekanntesten, die folgende vier Phasen benannt und beschrieben hat:

1. Trauerphase: Nicht-Wahrhaben-Wollen
2. Trauerphase: aufbrechende Emotionen
3. Trauerphase: Suchen und Sich-Trennen
4. Trauerphase: neuer Selbst- und Weltbezug

Phasenmodelle legen die Vermutung nahe, Trauer wäre eher ein passiver und geradliniger Prozess, weshalb sie relativ schnell in Kritik gerieten und sogenannte Aufgabenmodelle entwickelt wurden. Viel zitiert wird das Modell von William J. Worden, der vier Aufgaben beschreibt:

1. Den Verlust als Realität akzeptieren
2. Den Schmerz verarbeiten
3. Sich an die Welt ohne die verstorbene Person anpassen
4. Eine dauerhafte Verbindung zu der verstorbenen Person inmitten des Aufbruchs in ein neues Leben finden

Ich bevorzuge die Arbeit mit den sechs „Notwendigkeiten des Trauerns“ nach dem amerikanischen Trauerbegleiter Alan D.

Wolfelt, die der deutsche Theologe und Trauerbegleiter Adolf Pfeiffer für seine Ausbildungskurse um eine siebte ergänzt hat:

- Die Realität des Todes anerkennen
- Den Schmerz des Verlustes annehmen
- Sich des verstorbenen Menschen erinnern
- Eine neue Identität entwickeln
- Die Suche nach Sinn
- Unterstützung von anderen erhalten
- In Beziehung bleiben

Sehen wir uns diese „Notwendigkeiten“ einmal genauer an.

Die Realität des Todes anerkennen

Akzeptiere, was ist,
egal, wie schwer es auch immer sein mag.
Auch wenn ein Tränenmeer aus deinem Herzen
durch deine Augen weint,
es ist, wie es ist.
Wenn wir als Mensch gegen das,
was wir nicht ändern können,
ankämpfen, nicht bereit sind zu akzeptieren, was ist,
liegt vor uns ein Weg voller Schmerzen.
Akzeptiere, was ist!

Mike Düring[8]

Viele glauben, dass diese Aufgabe automatisch und schnell erledigt wird und somit kein großes Thema ist. Das stimmt aber nicht. Es dauert mitunter sehr lange, bis wir den Tod des geliebten Menschen mit jeder Phase unseres Seins wirklich erfasst haben. Der Kopf weiß es als Erstes (und auch er vergisst es immer mal wieder für kurze Momente), aber das Herz braucht viel, viel länger.

So ist das menschliche Herz

Deine Toten sind tot,
dein Verstand weiß es,
aber dein Herz braucht Zeit,
um zu wissen und anzunehmen,
dass sie wirklich gegangen sind.
Darum brennt dein Schmerz von Neuem:
an dem Familientisch,
wo nun ein leerer Platz geblieben ist,
oder an den Tagen um Weihnachten,
wo jemand fehlt,
oder in Tagen einer Geburt ohne den Großvater,
oder an Neujahr,
wo ein Trinkspruch ausgebracht wird
und jemand sein Glas nicht mehr erhebt.
So ist das menschliche Herz!
Es erlebt immer erst nach und nach,
was die Vernunft längst weiß.
Für den Verstand
sterben die Toten ein einziges Mal,
für das Herz sterben sie viele Male.

René Juan Trossero[9]

Ich sehe dieses verzögerte, nur Nach-und-nach-erfassen-Können der Realität als einen klugen Überlebensmechanismus an, der uns helfen soll, die erste Zeit zu überstehen.

Es geschieht oft, dass verwitwete Frauen erst sechs oder zehn Monate nach dem Tod des Partners in meine Beratung kommen. Sie sagen Dinge wie „Ich verstehe die Welt nicht mehr. Am Anfang dachte ich, ich käme ganz gut damit klar, und nun geht gar nichts mehr. Ich fühle nur Schmerz und kann an nichts anderes mehr denken. Ich habe das Gefühl durchzudrehen."

Das ist die Zeit, in der die Realität langsam ganz begriffen wird und die Bedeutung hinter den Worten „nie wieder" gespürt wird. Der Nebel des Nicht-wahrhaben-Könnens und -Wollens hat sich aufgelöst, jetzt ist die Sicht klar auf die Zukunft gerichtet, und die wird erst einmal als niederschmetternd empfunden.

Kein Hand-in-Hand mehr

nie wieder werden wir
Hand-in-Hand gehen
auf Wegen am Wasser
nie wieder werden wir
nebeneinander radeln
durch goldgelben Raps
nie wieder werden wir
Horizonte ermessen
mit staunendem Blick

nie wieder werden wir
uns erspüren
mit warmer Hand
nie wieder werden wir
miteinander spinnen
aus Gedanken ein Netz
nie wieder werden wir
neue Ziele ausmachen
weil du schon am Ziel bist

Annemarie Schnitt[10]

Einigen Menschen fällt das Akzeptieren der Tatsache, dass der geliebte Mensch wirklich tot ist, unheimlich schwer und sie sträuben sich regelrecht dagegen. Sie möchten die Hoffnung nicht aufgeben, dass alles nur ein böser Alptraum ist, aus dem sie wieder aufwachen. Die Realität zu akzeptieren, kommt ihnen wie ein Verrat am Verstorbenen vor. Sie haben das Gefühl, sie würden ihn damit aufgeben und für immer verlieren. Dem ist aber nicht so. Wenn wir nicht im Trauerprozess stecken bleiben wollen, müssen wir irgendwann unser Schicksal annehmen.

Was nicht angenommen wird, kann nicht geheilt werden.

Gregor von Nazianz[11]

Zu akzeptieren, dass etwas ist, wie es ist, heißt natürlich nicht, die Tatsache gutzuheißen. Was geschehen ist, bleibt nach wie vor schrecklich. Aber nur das Annehmen führt uns irgendwann zu der wichtigen Frage „Und wie kann ich damit nun umgehen?“.

Den Schmerz des Verlustes annehmen

> *Der einzige Weg durch die Welt der Schmerzen führt mitten durch den Schmerz hindurch.*
>
> nach Hermann Hesse[12]

Wir müssen durch den Schmerz, damit er sich verwandeln kann. Es geht leider kein Weg daran vorbei, wenn wir irgendwann wieder ein tiefes, erfülltes Leben führen möchten. Verdrängen ist dauerhaft nicht ratsam und führt zu nichts Gutem. Psychische oder körperliche Symptome können die Langzeitfolgen sein.

> *Es kommt alles wieder, was nicht bis zu Ende gelitten und gelöst wird.*
>
> nach Hermann Hesse[13]

Wir dürfen das Verdrängen aber auch nicht verteufeln, denn es dient manchmal als wichtiger Überlebensmechanismus. Wie schon beschrieben, ist ganz am Anfang die grausame Realität bei uns noch gar nicht wirklich angekommen. Wir fühlen uns wie unter einer Dunstglocke. Wir funktionieren, aber wir sind gefühlsmäßig nicht bei der Sache. Das ist ein Mechanismus, der uns hilft zu überleben. Ich bin davon überzeugt, dass viele Trauernde ansonsten nicht in der Lage wären, die ersten Tage zu überstehen.

Und dann fordern uns oft die Lebensumstände, sodass keine Zeit für Trauer bleibt. Als anschauliches Beispiel möchte ich das Schicksal einer jungen Mutter nennen, die nach dem Tod des

Partners plötzlich alleine mit kleinen Kindern dasteht und nun das Überleben der gesamten Familie sichern muss. Ob sie will oder nicht, sie muss die Kinder versorgen. Wie könnte sie für sie da sein und auch noch den Lebensunterhalt verdienen, wenn sie in vollem Umfang von ihrer Trauer in Beschlag genommen würde? Das geht schlichtweg nicht.

Auch bei jungen Menschen erlebe ich immer wieder, dass ihr Leben ein unglaubliches Tempo aufweist und Trauer selten hineinpasst. Daher ist es nicht wirklich verwunderlich, dass sich die Trauer manchmal erst viele Jahre später bemerkbar macht, nämlich dann, wenn eine gewisse Ruhe und Stabilität im Leben eingetreten ist. Für die Betroffenen selbst ist so eine verzögerte Trauer zu diesem Zeitpunkt natürlich sehr verwirrend.

Ich glaube zwar, dass einige Menschen Trauer dauerhaft unterdrücken und dennoch ein halbwegs gutes Leben ohne spätere Symptome führen können. Ich glaube aber auch, dass diese Menschen sich damit gleichzeitig von allen anderen wirklich intensiv erlebten Gefühlen wie tiefer Freude und Dankbarkeit abschneiden. Ich habe da das Bild einer Schaukel im Kopf. Sie schwingt in beide Richtungen in der gleichen Höhe. Wenn wir unsere Gefühle immer komplett kontrollieren und nie wirklich zulassen, schwingen wir nur flach zu beiden Seiten. Haben wir hingegen tiefe Trauergefühle zugelassen und durchlebt, können wir auch wieder tiefe Glücksgefühle erleben.

Ein anderes schönes Symbol ist ein Baum. Er kann nur hoch wachsen, wenn er unter der Erde umfangreiche Wurzeln schlagen kann.

Trauer bringt Tiefe. Freude bringt Höhe.
Trauer bringt Wurzeln. Freude bringt Äste.
Freude ist wie ein Baum,
der sich dem Himmel entgegenstreckt,
und Trauer ist wie die Wurzeln,
die in das Erdinnere hineinwachsen.
Beides wird benötigt – je höher ein Baum wächst,
desto tiefer verwurzelt er sich in der Erde.
So wird die Balance aufrechterhalten.

Osho[14]

Trauer ist bei den meisten Menschen mit sehr großem seelischem und manchmal auch mit körperlichem Schmerz verbunden. Die wenigsten von uns sind es aber gewohnt, Schmerzen zu ertragen. Schmerz gilt in der Medizin als Symptom, von dem wir uns mit geeigneten Medikamenten schnell befreien können und sollen.

Beim Trauerschmerz sieht es allerdings anders aus. Medikamente helfen hier nicht, der Schmerz muss durchlebt werden, damit er sich verändern kann.

Am Anfang der Trauer steht der Schmerz im
Vordergrund. Lassen wir ihn zu, beginnt er langsam,
sich zu verwandeln und in den Hintergrund zu rücken.
An seine Stelle treten Liebe und Dankbarkeit.

Iris Willecke

Ich erlebe in meinen Begleitungen tatsächlich viele Trauernde, die versuchen, den Schmerz gar nicht wirklich zu spüren. Das kann verschiedene Gründe haben. Oft steckt z. B. die Angst dahinter, ihn nicht ertragen zu können oder mit ihm nicht mehr den normalen Alltag bestreiten zu können.

Manche versuchen, sich über Aktionismus dauerhaft beschäftigt und somit abgelenkt zu halten, andere verdrängen konsequent jeden Gedanken an den Verstorbenen oder weigern sich standhaft, die Realität zu akzeptieren, und wieder andere nutzen Alkohol oder Medikamente, um sich zu betäuben. Wie bereits erwähnt, können das am Anfang sogar sinnvolle Bewältigungsstrategien sein, nur nutzen sie uns auf Dauer nicht.

Denn: Wir können Trauer ertragen! Gerade weil es sich oft nicht so anfühlt, sollten wir uns diese Tatsache immer wieder ins Gedächtnis rufen. Trauer kann verdammt wehtun, aber wir sind in der Lage, sie auszuhalten. Trauer will uns nichts Böses. Sie ist wichtig für uns und unser Weiterleben. Es ist völlig normal und absolut in Ordnung, wenn wir nach einem schweren Verlust erst einmal nicht normal weitermachen wie bisher. Und es ist absolut kein Weltuntergang, wenn wir in Zeiten der Trauer nicht so funktionieren, wie wir es selber oder andere gerne hätten. Es ist etwas Schlimmes passiert, wieso sollte das spurlos an uns vorübergehen? Wieso darf es erst einmal keine größere Auswirkung auf uns haben?

Wer sich an der Trauer vorbeischleicht, dem wird sie im Nacken sitzen.

Anke Maggauer-Kirsche[15]

Manche Trauernde müssen regelrecht ermutigt werden, sich an ihre Trauer behutsam heranzutasten und ihr gewisse Zeiten zuzugestehen. Ich kenne Trauernde, die durch ihren Körper regelmäßig über Krankheiten zu Auszeiten und damit gleichzeitig auch Trauerzeiten gezwungen werden. Im normalen Alltag sind oder halten sie sich so beschäftigt, dass die Trauer keinen Raum hat.

Wenn auch Sie zu den Menschen gehören, die Trauer eher verdrängen, dann wäre es gut, gelegentliche „Dates“ mit Ihrer Trauer auszuprobieren. Sich mit der Trauer zu verabreden meint, Zeiten einzuplanen und diese dann auch konsequent zu nutzen, in denen Sie z. B. über das Anschauen alter Fotos oder Videos bewusst in die Erinnerungen an den verstorbenen Menschen einsteigen. Oder Sie planen im Kalender feste Termine ein, die Sie zur Beschäftigung mit den Schreibimpulsen aus diesem Buch nutzen.

Erlauben Sie sich in diesen Zeiten, dass alle möglichen Emotionen auftauchen dürfen. Auch Tränen sind natürlich willkommen. Diese Zeit gehört Ihrer Trauer. Und egal, wie schmerzhaft sie möglicherweise wird, sie bringt Sie auf Ihrem Trauerweg ein kleines Stück weiter. Jede Minute, die Sie jetzt der Trauer widmen, investieren Sie im Grunde in Ihre Zukunft. Und jede einzelne Träne, die fließt, hilft bei der Umwandlung des Trauerschmerzes in Liebe und Dankbarkeit für die gemeinsam verbrachte Zeit.

Bei anderen Trauernden ist es eher andersherum: Sie haben das Problem, sich keine „Auszeiten“ von der Trauer nehmen zu können. Heftige Schmerzen 24 Stunden an sieben Tagen in der Woche hält aber kaum jemand unbeschadet über einen längeren Zeitraum aus. Daher sind Trauerpausen gut und wichtig! Wir müssen uns von der enorm anstrengenden „Trauerarbeit“ ab und an erholen, um neue Kraft zu schöpfen. Sich bewusst ablenken zu können, ist also eine wertvolle Ressource in der Trauer.

Auch wenn Ihnen das schwerfällt, probieren Sie es immer wieder, und mit der Zeit wird es leichter gelingen. Wichtig ist, sich selber die „guten“, trauerfreien oder trauerreduzierten Zeiten ohne schlechtes Gewissen zu erlauben. Wir verraten unsere Verstorbenen dadurch nicht, wir vergessen sie auch nicht oder machen den Verlust damit irgendwie kleiner. Wir tun nur etwas für unser eigenes Überleben.

Sich des verstorbenen Menschen erinnern

Manchmal sind Erinnerungen wie ein Regenguss,
kommen auf dich herab,
erwischen dich ganz unvermutet.

Manchmal sind Erinnerungen wie ein Gewitter,
schlagen auf dich ein, gnadenlos in ihrem Auftauchen.
Und dann, wenn sie aufhören,
lassen sie dich geschafft und ermüdet zurück.

Manchmal sind Erinnerungen wie Schatten,
schleichen sich heimlich von hinten an,
verfolgen dich rundherum,
dann verschwinden sie,
lassen dich traurig und verwirrt zurück.

Manchmal sind Erinnerungen wie eine Daunendecke,
umgeben dich mit Wärme, üppig, überreichlich.
Und manchmal bleiben sie,
hüllen dich in Zufriedenheit.

Marsha Updike[16]

Erinnerungen können am Anfang unheimlich wehtun, denn wir verknüpfen sie gedanklich schnell mit „Das werde ich jetzt nie wieder erleben“. Manche Trauernde meiden Erinnerungen daher ganz bewusst, um sich so vor Schmerz zu schützen.

> *Je schöner und voller die Erinnerung, desto schwerer ist die Trennung. Aber die Dankbarkeit verwandelt die Qual der Erinnerung in eine stille Freude. Man trägt das vergangene Schöne nicht wie einen Stachel, sondern wie ein kostbares Geschenk in sich.*
>
> Dietrich Bonhoeffer[17]

Erinnerungen können aber zu einem großen Schatz werden, der uns mit unseren Verstorbenen verbindet. Und niemand kann sie uns nehmen.

> *Die Erinnerung ist das einzige Paradies, aus welchem wir nicht getrieben werden können.*
>
> Jean Paul[18]

Durch die Erinnerung halten wir den Verstorbenen ein Stück weit lebendig. Indem wir sein Andenken bewahren, ehren wir ihn und sein Leben. Wenn unser Leben eng mit dem des Verstorbenen verbunden war, ist das Erinnern auch für unsere eigene Lebensgeschichte enorm wichtig, da sie ansonsten unvollständig wäre.

Dass mit der Zeit Erinnerungen verblassen können, ist normal, wird aber manchmal als sehr schmerzhaft empfunden. Viele Trauernde fühlen sich schlecht und schuldig, wenn sie merken, dass bestimmte Erinnerungen einfach wie weggeblasen zu sein scheinen, und sie haben große Angst, dass noch mehr verloren geht. Ich gebe dann gern den Hinweis, dass man z. B. durchs Aufschreiben aktiv Erinnerungen für immer sichern kann. Das nimmt die Angst vor dem Vergessen und ist gleichzeitig wertvolle Erinnerungsarbeit, die uns im Trauerprozess helfen kann.

Unser Gehirn funktioniert am Anfang der Trauer nicht wie gewohnt, da Trauer kognitive Fähigkeiten beeinträchtigen kann. Viele Trauernde erleben, dass sie Konzentrationsschwierigkeiten haben, vergesslich werden oder ständig Dinge verlegen, Wortfindungsstörungen auftauchen und noch einiges mehr. Das sind normale Trauersymptome, die mit der Zeit wieder vergehen. Es kann also gut sein, dass Sie nur vorübergehend Dinge im Zusammenhang mit dem Verstorbenen vergessen haben bzw. Sie nur momentan keinen Zugriff auf diese Bereiche Ihres Gedächtnisses bekommen.

Ich bin übrigens davon überzeugt, dass auch all die Erinnerungen, die wir nach Jahren mehr und mehr vergessen, nicht wirklich verloren sind. Sie sind nur aus dem aktiven Erinnerungsgedächtnis in tiefere Ebenen verschoben worden, und selbst da können wir mit verschiedenen Methoden, z. B. mit Hypnose, auch wieder herankommen. Menschen, Dinge oder Ereignisse, die unser Herz berührt haben, gehen nie mehr wirklich verloren.

Nichts kann jemals verloren gehen,
was im Herzen geschrieben steht
und die Handschrift der Liebe trägt.

Irmgard Erath[19]

Eine neue Identität entwickeln

Für viele Trauernde ändert sich mit dem Tod einer nahestehenden Person enorm viel und oft auch die bisherige Rolle, die sie selbst hatten. Es macht für das Selbstverständnis vieler Menschen einen großen Unterschied, ob sie beispielsweise Ehefrau oder Witwe sind. Und es macht einen Unterschied, wie sie von der Gesellschaft und ihrem persönlichen Umfeld gesehen und auch zum Teil behandelt werden. Auch Eltern, die ein Kind verloren haben, leiden unter einer Art Identitätsverlust. Zu wenig Beachtung bekommen auch Geschwister, für die sich mit dem Tod von Bruder oder Schwester enorm viel verändern kann, da die bisherige Familienkonstellation nicht mehr existiert.

Sich mit einer neuen Rolle anzufreunden, die man sich nicht bewusst selbst ausgesucht hat, kann ein langwieriger Wachstumsprozess sein.

Die Suche nach Sinn

Ganz automatisch tauchen bei vielen Trauernden Fragen nach dem Warum auf, denn wir Menschen suchen immer nach Erklärungszusammenhängen. Wir wollen Dinge verstehen, wir möchten wissen, warum etwas passiert.

In der Trauer müssen wir sehr oft erfahren, dass es auf viele Fragen keine Antworten gibt. Das zu akzeptieren, gelingt dem einen Menschen leichter, dem anderen schwerer. Das Ringen um Antworten ist ganz normal und auch enorm wichtig für den Trauerprozess, auch wenn das soziale Umfeld in der Regel bereits nach kurzer Zeit wenig Verständnis dafür aufbringt.

Irgendwann sollten sich unsere Fragen allerdings in Richtung „Wie geht es nun weiter?“ und „Was möchte ich mit meinem Leben noch anstellen?“ verändern. Um darauf Antworten zu finden, hilft die Frage „Was würde sich der Verstorbene für mich wünschen?“

Warum – eine Frage ohne Ende

Warum – eine Frage, die mich immer noch zutiefst
aufwühlt
Warum – eine Frage, auf die niemand eine Antwort weiß
Warum – eine Frage, die so unendlich weh tut
Warum – eine Frage ohne Ende

Manchmal denke ich,
es wäre besser,
nicht nach dem Warum zu fragen.
Denn das Wort „Warum“ lebt nur in der Vergangenheit.

Vielleicht wäre es besser,
das Wort „Warum“ in das Wort „Wozu“ zu verwandeln.
Denn das Wort „Wozu“ erlaubt auch den Blick
in die Gegenwart und in die Zukunft.
Vielleicht bekommt dann mein Leben einen neuen Sinn.

Carola Häußler[20]

In der Trauer beschäftigen uns Themen aus den Bereichen Spiritualität und Glauben. Auch alte, eigene Lebensgrundsätze können plötzlich infrage gestellt werden. Das alles ist völlig normal – dass es keine schnellen Antworten gibt, leider auch.

Über die Geduld

Man muss den Dingen
die eigene, stille
ungestörte Entwicklung lassen,
die tief von innen kommt
und durch nichts gedrängt
oder beschleunigt werden kann,
alles ist austragen – und
dann gebären …

Reifen wie der Baum,
der seine Säfte nicht drängt
und getrost in den Stürmen des Frühlings steht,
ohne Angst,
dass dahinter kein Sommer
kommen könnte.

Er kommt doch!

Aber er kommt nur zu den Geduldigen,
die da sind, als ob die Ewigkeit
vor ihnen läge,
so sorglos, still und weit …

Man muss Geduld haben.

Mit dem Ungelösten im Herzen,
und versuchen, die Fragen selber lieb zu haben,
wie verschlossene Stuben,
und wie Bücher, die in einer sehr fremden Sprache
geschrieben sind.

Es handelt sich darum, alles zu leben.
Wenn man die Fragen lebt, lebt man vielleicht allmählich,
ohne es zu merken,
eines fremden Tages
in die Antworten hinein.

nach Rainer Maria Rilke[21]

Unterstützung von anderen erhalten

Es ist gar nicht leicht, um Hilfe zu bitten oder sie anzunehmen. Ich rate Trauernden immer dazu, Hilfe, die ihnen angeboten wird (und die sie tatsächlich unterstützen würde!), anzunehmen. Oft fühlen sich Menschen gut, wenn sie anderen helfen können, und viele tun es wirklich gern. Trauernde brauchen daher kein schlechtes Gewissen zu haben. Zwischenmenschliche Beziehungen leben von gegenseitiger Unterstützung. Das funktioniert aber nur, solange es Menschen gibt, die Hilfe annehmen oder darum bitten können, ohne sich dabei selber schlecht oder schwach zu fühlen.

Ich wünsche dir den Mut zu fragen,
wenn du nicht weiterweißt;
zu bitten, wenn du etwas brauchst;
Nein zu sagen, wenn es zu viel wird;
abzugrenzen, wenn du bedroht bist;
für dich einzustehen, wenn du angegriffen wirst;
zu helfen, wo Not ist;
zu wagen, auch wenn du nicht ganz sicher bist;
unterwegs zu bleiben, trotz aller Zweifel;
zu sein, wie du bist.

Max Feigenwinter[22]

Direkt nach einem Todesfall ist die Hilfsbereitschaft meist groß. Sie lässt jedoch auch schnell wieder nach, vor allem, wenn man am Anfang vieles abgelehnt hat. Fragt dann niemand mehr, fällt es den meisten von uns sehr schwer, von sich aus um Unterstützung zu bitten. Da Trauer eine absolute Ausnahmesituation ist, die uns extrem fordert und vor ungeahnte Probleme stellen kann, ist es aber mehr als legitim, sich Hilfe zu wünschen und danach zu fragen. Die Menschen um uns herum wissen in der Regel nicht von sich aus, was uns guttun würde, und brauchen daher konkrete Hinweise.

In Beziehung bleiben

Wie sehr wünschte ich dich wieder hierher,
aber allein schon dass du mir so fehlst,
lässt mich mit dir verbunden sein,
jetzt und für immer:
Es ist nie ganz vorbei.

Jochen Jülicher[23]

Der Tod beendet weder die Liebe zum Verstorbenen noch die Beziehung. In der Trauer geht es darum, eine neue Form der Beziehung zu dem geliebten Menschen zu finden, da die bisherige Form nun nicht mehr möglich ist. Der Verstorbene ist als lebender Mensch nicht mehr an unserer Seite, hat aber noch immer einen großen Einfluss auf uns und unser Leben. Wenn wir es wollen, dürfen wir uns bis zu unserem letzten Atemzug mit ihm verbunden fühlen und ihn in unseren Gedanken und im Herzen bei uns tragen. Das berüchtigte „Loslassen" ist nicht nötig. Wer das Hinterbliebenen nach wie vor rät, hat von Trauer keine Ahnung.

Zwiesprache an deinem Grab:
Ich rede mit dir.
Ich lache mit dir.
Ich frage dich um deinen Rat.
Ich erinnere mich.
Du fehlst mir.

Sabine Coners[24]

Wenn Sie mit Ihrem Verstorbenen laut oder gedanklich reden, ist daran absolut nichts Verrücktes. Fast jeder Trauernde tut es mehr oder weniger automatisch, und es ist genau richtig, da zu einer Beziehung auch die Kommunikation gehört. Auch das Briefschreiben an den verstorbenen Menschen, wie Sie es im zweiten Teil des Buches kennenlernen werden, ist eine sehr hilfreiche Form der Kommunikation und des In-Beziehung-Bleibens.

Viele Trauernde reagieren erleichtert, wenn man ihnen sagt, dass „Loslassen“ der völlig falsche Weg ist und sie stattdessen ganz bewusst in Liebe verbunden bleiben dürfen.

Nichts und niemand
kann unser Herz mehr trösten
und uns behutsamer
durch das Dunkel unserer Trauer führen
als die Liebe,
die uns mit dem Menschen verbunden hat,
um den wir weinen.

Irmgard Erath[25]

Manchen hilft es auch, wenn sie in Zeiten großer Sehnsucht versuchen, die Liebe zu visualisieren (siehe Seite 66).

Trauerfacetten

Im „Trauerkaleidoskop", einem Trauermodell der Trauerbegleiterin und Fachautorin Chris Paul, ist die Rede von sechs Facetten des Trauerprozesses, mit denen sich Trauernde immer wieder beschäftigen. Wie bei einem Kaleidoskop verändert sich dabei ständig das Bild, und einzelne Facetten können zeitweise in den Hintergrund treten. Die von Chris Paul beschriebenen Facetten sind: Überleben – Wirklichkeit begreifen – Gefühle – Sich anpassen – Verbunden bleiben – Einordnen.

Besonders gut gefällt mir an diesem Modell die Facette Überleben. Viel zu oft wird in unserer Gesellschaft verkannt, welch riesengroße Herausforderung Trauer an uns stellt und dass das Allerwichtigste nach einem schweren Verlust erst einmal die Sicherung des eigenen Überlebens ist. Nicht nachzusterben ist für viele alles andere als selbstverständlich, kann doch der Wunsch nach Wiedervereinigung mit dem Verstorbenen riesengroß werden und der Schmerz unerträglich erscheinen. Fluchtgedanken sind da ganz normal, man darf ihnen nur nicht weiter nachgehen. Wenn Sie anhaltende Suizidgedanken haben, suchen Sie sich bitte unbedingt Hilfe!

Aus eigener Erfahrung weiß ich, dass es Zeiten gibt, in denen man sich überhaupt nicht vorstellen kann, dass das eigene Leben noch irgendeinen Sinn hat oder jemals wieder ein gutes Leben werden kann. Aber das kann es!

SCHREIBIMPULSE

Im praktischen Teil dieses Buches möchte ich Sie dazu anregen, sich aktiv mit Ihrer Trauer auseinanderzusetzen. Schreiben hilft, den Weg durch die Trauer bewusster zu gehen. Die zahlreichen Impulse in diesem Kapitel haben alle einen mehr oder manchmal auch weniger offensichtlichen Bezug zu den vorgestellten Traueraufgaben und Trauerfacetten. Sie geben Ihnen die Gelegenheit, viel dafür zu tun, dass der Schmerz mit der Zeit erträglicher wird und immer mehr die Liebe zum Verstorbenen und die Dankbarkeit für die gemeinsame Zeit in den Vordergrund tritt.

Mit dem Schreiben beginnen

Trauer braucht einen Ausdruck. Sie braucht aber auch Zeit, Raum und Zeugen. All das geben wir ihr, wenn wir uns mit verschiedenen Aspekten unserer Trauer beschäftigen und dazu Notizen machen oder Texte verfassen.

Womit schreiben?

Ich möchte Ihnen das Schreiben mit der Hand ans Herz legen. Es ermöglicht Ihnen einen größeren Gestaltungsspielraum und eignet sich meiner Erfahrung nach besser, die Gedanken zu ordnen. Aber Sie können natürlich auch gerne den Rechner oder Ihr Smartphone nutzen. Mittlerweile gibt es praktische Tagebuch-Apps, die Sie auch mit Fotos befüllen können.

Haben Sie ein schönes Notizbuch oder Schreibheft zu Hause? Falls nicht, besorgen Sie sich etwas Ansprechendes. Ihre Gedanken und Gefühle und die Erinnerungen an Ihren geliebten Menschen verdienen ein liebevoll ausgesuchtes, warmes Zuhause.

Überlegen Sie sich schon im Vorfeld, ob Sie lieber Papier mit Linien, Kästchen oder ganz ohne Markierung nutzen möchten. Da haben wir alle unsere eigenen Vorlieben. Probieren Sie auch aus, mit welchen Stiften Sie gerne schreiben: Füllfeder, Kugelschreiber, Tintenroller, Bleistift? Jede Stiftart liegt anders in der Hand und gleitet anders über das Papier.

Die meisten von uns sind es gar nicht mehr gewohnt, viel mit der Hand zu schreiben. Es ist also gar nicht verwunderlich, wenn es sich für Sie und vor allem Ihre Schreibhand erst einmal komisch anfühlt und bei längerem Schreiben etwas anstrengend werden kann.

Wie schreiben?

Sie sollten immer ganz ohne Anspruch schreiben. Es geht nicht darum, literarische Meisterwerke zu erschaffen. Sie schreiben erst einmal nur für den Moment und nur für sich selbst. Es kommt wirklich nicht auf das Ergebnis an, sondern es geht um das In-Berührung-Kommen und Fließen-Lassen der Gedanken, Gefühle und Erinnerungen. Sie tun es, damit sich Ihre Trauer mit der Zeit in Liebe und Dankbarkeit verwandeln kann. Dennoch kann es natürlich sein, dass aus Ihren Aufzeichnungen irgendwann einmal noch etwas ganz anderes entsteht – das sollte jetzt jedoch keine Rolle spielen.

Stilfragen, Rechtschreibregeln, Schönschrift ... all das darf und sollte Ihnen völlig egal sein. Es geht darum, möglichst intuitiv die Gedanken aufs Papier fließen zu lassen und im besten Fall in einen Schreibflow zu kommen. Auf unbedeutende Dinge zu achten, wäre nur hinderlich und lähmend.

Ihr Schreibbuch oder Heft darf ruhig chaotisch und natürlich auch bunt werden. Erlauben Sie sich kreative Seitenmalereien, Kritzeleien und Skizzen. Sie können auch Dinge einkleben. Verstehen Sie Ihr Schreibheft als Arbeitsbuch! Alle Texte, die Ihnen besonders wichtig sind, können daraus später ordentlich in ein anderes Buch oder wohin auch immer übernommen werden.

Es wird bestimmt häufiger vorkommen, dass Ihnen zu bestimmten Impulsen im Nachhinein Ergänzungen einfallen. Das ist ganz normal. Sie können Themen immer wieder neu aufgreifen. Wenn Sie keinen Platz mehr für Ergänzungen haben, machen Sie beispielsweise eine Fußnote und schreiben einfach an anderer Stelle weiter.

Wenn Sie eigene Ideen entwickeln, worüber Sie schreiben wollen, dann ist das prima! Geben Sie unbedingt Ihren eigenen Themen den Vorrang und schreiben Sie, worüber Sie möchten. Sollten Ihnen irgendwann die Ideen ausgehen, lassen Sie sich durch dieses Buch anregen.

Die Impulse müssen selbstverständlich nicht in der vorgegebenen Reihenfolge „abgearbeitet" werden. Sich mit verschiedenen Traueraspekten zu beschäftigen, macht natürlich Sinn, aber was wann für Sie an der Reihe ist, wissen Sie selbst am allerbesten. Zwingen Sie sich zu nichts. Wenn Ihnen komplett die Lust zum Schreiben fehlt, dann ist das so und völlig in Ordnung. Ein Sprichwort sagt allerdings „Manchmal kommt der Appetit beim Essen". So ist es mit dem Schreiben auch. Ab und zu kann man also mal ausprobieren, ob da nicht doch etwas aufs Blatt fließen möchte.

Fühlen Sie sich auch frei, jede Methode für jedes Thema zu nutzen. Wenn Sie beispielsweise merken, dass Ihnen das Schreiben von Gedichten zusagt, dann schreiben Sie viele Gedichte.

Wann schreiben?

Manche Menschen profitieren davon, sich Strukturen zu schaffen. Sie schreiben beispielsweise immer am selben, gut vorbereiteten Ort zur gleichen Tageszeit. So wird das Schreiben schnell zu einem festen Ritual. Wenn Sie das Buch nutzen möchten, um möglichst diszipliniert viel „Trauerarbeit“ alleine zu leisten, könnte das für Sie ein guter Rat sein. Sie dürfen auch dann entscheiden, was und worüber Sie an welchem Tag schreiben möchten, Sie sollten aber nicht allzu viele Themen für sich komplett streichen. Fragen Sie sich, warum Sie manche Impulse lieber schieben oder ausklammern würden. Berühren sie ein Thema, auf das Sie nicht gerne schauen, obwohl es eigentlich viel mit Ihnen zu tun hat?

Wenn Sie merken, dass Ihnen das Schreiben guttut, können Sie sich zusätzlich auch ein Journal oder Tagebuch anschaffen. Schreiben Sie regelmäßig, worüber Sie möchten. Manche führen ein Gefühlstagebuch und schreiben auf, wie die aktuelle Gefühlslage den Tag über war. Durch die Beschäftigung mit den eigenen Emotionen wird die Wahrnehmung geschärft und Veränderungen deutlicher. Nicht jeder Tag ist gleich. Andere führen ein reines Dankbarkeitstagebuch, in das jeden Abend drei Dinge notiert werden, für die man dankbar ist.

Man kann auch den Tag mit Schreiben beginnen. Oft fallen in diesem Zusammenhang die Begriffe „Morgenseiten“ oder „Morning Papers“, die durch die amerikanische Autorin Julia Cameron bekannt wurden. Bei dieser Schreibmethode soll man morgens am besten direkt nach dem Wachwerden intuitiv, ungefiltert und ohne zu überlegen ganze drei DIN-A4-Seiten schreiben. In Zeiten der Trauer erscheint mir diese Methode für die tägliche Schreibroutine ungeeignet, aber gegen morgendliches Schreiben spricht natürlich nichts.

Wer ein Traumtagebuch führen möchte, sollte sich unbedingt Heft und Stift ans Bett legen und morgens direkt nach dem Aufwachen noch vor dem Aufstehen die Träume aufschreiben. Die meisten unserer Träume sind ansonsten ganz schnell vergessen.

Einige nutzen das morgendliche Journal-Schreiben auch, um den Tag zu planen, Ziele festzuhalten, sich eine Affirmation zu notieren oder Ähnliches.

ZUSAMMENGEFASST:

- Schreiben Sie am besten mit der Hand.
- Suchen Sie sich ein passendes Heft oder Buch und Schreibgerät aus.
- Schreiben Sie ohne Anspruch – es kommt nicht auf Rechtschreibung oder Schönschrift an.
- Ihr Buch darf bunt und chaotisch werden, auch Kritzeleien sind erlaubt, Ergänzungen sind jederzeit willkommen.
- Geben Sie eigenen Impulsen Vorrang: Sie bestimmen, wann Sie worüber schreiben möchten.
- Wenn Sie möchten, machen Sie das Schreiben zu einem festen Ritual.

Bitte beachten: Wenn Sie bei einem Schreibimpuls oder während einer Imagination starke Widerstände verspüren, sich unwohl fühlen, oder wenn schwer zu kontrollierende Gedanken auftauchen, brechen Sie das Schreiben oder die Gedankenreise sofort ab. Es gilt immer: Achten Sie auf sich und machen Sie nur, was Ihnen guttut!

Den Tod realisieren

Wir wollen es nicht wahrhaben, und doch müssen wir die Realität akzeptieren. Es führt kein Weg daran vorbei: Der geliebte Mensch ist tot. Er kommt nicht wieder. Je schneller es Ihnen gelingt, diese Tatsache anzunehmen, desto besser ist das für Ihren weiteren Trauerweg.

Verschleiernde und beschönigende Formulierungen wie „entschlafen“, „verloren“, „von uns gegangen“ helfen uns beim Realisieren nicht weiter. Für viele Trauernde ist es am Anfang sehr schwer, mit eigenen Worten anderen von dem Tod zu berichten. In meinen Trauergruppen üben wir daher das Aussprechen dieser Tatsache, indem jeder beim Anzünden einer Kerze den Namen der verstorbenen Person nennt und dazu sagt, wann diese (manchmal auch unter Angabe der Todesursache) gestorben ist. Diese Übung macht das Sprechen über den Tod mit der Zeit leichter.

Wenn es Ihnen schwerfällt, den Tod Ihres geliebten Menschen als Tatsache zu akzeptieren, schreiben Sie in Ihr Schreibheft klare, kurze Sätze wie „Du bist tot. Du bist am ... gestorben“ und lesen sich diese laut vor.

Nutzen auch Sie lieber andere Begriffe wie „entschlafen" oder „gegangen"? Falls ja, schreiben Sie darüber, warum. Belassen Sie es aber nicht dabei, sondern schreiben Sie auch auf, wieso es für Sie besser ist, den Tod zu akzeptieren. Ein Anfang könnte lauten „Du bist tot und kommst nicht wieder. Ich muss es glauben, auch wenn ich es nicht wahrhaben will."

Machen Sie eine Tabelle mit zwei Spalten und tragen in die erste alle beschönigenden Formulierungen ein, die Ihnen einfallen. In der zweiten Spalte stellen Sie diesen jeweils eine klare Formulierung gegenüber. Da es davon nicht so viele gibt, dürfen es immer wieder die Formulierungen „Du bist tot" oder „Du bist gestorben" sein.

In Zeitungsartikeln geht es um sachliche Informationsweitergabe. Verfassen Sie einen kurzen Artikel über den Tod Ihres geliebten Menschen.

Einigen Trauernden fällt es extrem schwer, auf den Friedhof zu gehen. Geht es Ihnen auch so? Falls ja, kann das viel mit dem Thema Realisieren zu tun haben. Schreiben Sie darüber, was Sie an einem Grabbesuch hindert. Wenn Sie noch keine Ideen dazu haben, probieren Sie aus, den Satz „Ich meide den Friedhof, weil ..." auf verschiedene Arten fortzusetzen. Wenn Sie keine Probleme mit Grabbesuchen haben, schreiben Sie darüber, wie es für Sie ist, dort zu sein.

AUF EINEN BLICK – DEN TOD REALISIEREN

Schreiben Sie doch mal ...

- kurze, klare Tatsachensätze zum Tod des geliebten Menschen
- warum Sie möglicherweise beschönigende Ausdrücke bevorzugen
- eine Tabelle mit beschönigenden und klaren Formulierungen über den Tod
- einen Zeitungsartikel über den Tod Ihres geliebten Menschen
- über Grabbesuche

Gefühle wahrnehmen und ausdrücken

Seine Gefühle beherrscht man, indem man sie zulässt.

Matthias Pleye[26]

In der Trauer erleben wir viele ganz unterschiedliche Gefühle, manchmal zum Teil auch auf den ersten Blick gegensätzliche. Manche können uns irritieren, peinlich sein oder sogar schockieren. Dabei hat jedes Gefühl seine Berechtigung, und wir sollten es nicht in gut oder schlecht, angemessen oder nicht einordnen. Jede Emotion ist erlaubt. Auch bei den Gefühlen gilt „Annehmen, was ist“. Vor dem Annehmen steht aber erst einmal das Wahrnehmen, und damit tun sich viele relativ schwer. Und das Benennen ist auch gar nicht immer so leicht. Wenn man es nicht gewohnt ist, viel über sein Gefühlsleben zu erzählen, fehlen oft die passenden Begrifflichkeiten.

Überlegen Sie, welche Gefühle Sie in Ihrer Trauer schon kennengelernt haben, und listen Sie diese auf. Versuchen Sie, Gefühle, zu denen Ihnen vielleicht kein Name einfällt, kurz zu beschreiben.

Mir gefällt das Bild des Trauer-Kochtopfs: Im Topf befindet sich eine Art Suppe oder Brei. Wie bei einem Eintopf besteht die Masse aus vielen verschiedenen Zutaten, die zum Teil kaum noch erkennbar oder bereits zu einem undefinierbaren Mischmasch verkocht sein können. Der Topf bleibt rund um die Uhr auf dem Herd, und der Inhalt verändert sich täglich ein bisschen. Mal überwiegt eine Zutat, mal eine andere. Es kommt auch ab und zu etwas ganz Neues hinein. Was da in dem Topf drin ist, sieht weder schön aus noch schmeckt es uns besonders gut, aber irgendwie hält es uns doch am Leben. Wie sehr es unter dem Deckel kocht und brodelt, hängt auch von äußeren Faktoren ab. Wird von außen beispielsweise ordentlich eingeheizt, kann der Topf auch schnell mal überkochen. Wichtig ist, gelegentlich Druck abzulassen, damit es nicht zu einer unkontrollierten Explosion kommt.

Wenn Ihnen das Bild gefällt, können Sie sich ein paar Fragen stellen. Schreiben Sie auf, aus welchen „Zutaten" Ihr Trauer-Eintopf zurzeit besteht. Welche Zutaten schmecken Ihnen eigentlich gar nicht? Welche sind in Ordnung? Was heizt von außen ein? Wie lassen Sie Druck ab? Kocht alles auf hoher Flamme oder nur leicht vor sich hin?

So bin ich

Ich bin froh,
aber traurig bin ich auch.
Froh bin ich und glücklich.
Und unglücklich und traurig.
Bin ich traurig-froh?
Ich bin froh-traurig, oder?
Ich bin so.
So bin ich.

Tanja Zeiser[27]

Ich mag dieses Gedicht sehr, da es anschaulich ein Phänomen aufgreift, das viele Trauernde sehr irritiert: Es kann ein Nebeneinander von verschiedenen Gefühlen geben, die man eigentlich als gegensätzlich ansieht. Ich kann beispielsweise wütend auf den Verstorbenen sein und ihn dennoch unheimlich vermissen und lieben. Es gibt nicht nur ein „Entweder-oder“, sondern auch ein „Und“, oder anders formuliert ein „Sowohl als auch“.

Fallen Ihnen Sätze zu Ihrer Gefühlslage mit „Sowohl als auch“ ein? Schreiben Sie sie auf.

Nun schauen wir uns ein paar Gefühle etwas näher an.

Wut und Zorn

Wut

Ich kann mich nicht dagegen wehren
und sollte es vielleicht auch nicht:
Oft bin ich so wütend!
Warum hast du mich verlassen,
warum bin ich jetzt allein?
Am liebsten würde ich mich verstecken,
damit keiner sieht, wie wütend ich bin.
Seltsames Gefühl, noch nie habe ich mich so erlebt.

Ich kann mich nicht, ich will mich nicht,
ich soll mich nicht dagegen wehren.
Wut gehört dazu – haben sie mir gesagt.
Wie recht sie haben.

Stephan Volke[28]

Wut und Zorn sind ganz normale Gefühle in der Trauer. Wir dürfen sie empfinden. Es ist völlig legitim, wenn wir zeitweise wütend auf uns selber, auf andere, auf die verstorbene Person, auf die ganze Welt oder das Schicksal sind. Wichtig ist, sich diese Wut zu erlauben und sie auszudrücken, denn dann brodelt sie nicht in uns wie ein unterirdischer Vulkan. Wut oder auch Zorn, die unterdrückt im Körper bleiben, führen zu nichts Gutem. Wenn sie einen Ausdruck finden, verwandeln sie sich mit der Zeit und es kommt nicht zum großen Ausbruch.

Wir dürfen auch Gott anklagen. Ein kluger Kirchenmensch sagte einmal, dass wir mit Gott schimpfen und ihn beschuldigen dürfen. Er hält das aus, denn all das ist nichts anderes als eine Form des Gebets.

Auf wen und warum sind Sie wütend? Lassen Sie Ihre Wut in einem Wutbrief raus. Wichtig ist, dabei nichts zu beschönigen oder zu relativieren. Stehen Sie zu Ihrer Wut und allen Hassgefühlen, die momentan vielleicht da sind. Nutzen Sie ruhig die übelsten Schimpfwörter. Und wenn Sie mögen, wünschen Sie wem auch immer die Pest an den Leib. Alles ist erlaubt! Wichtig: Schicken Sie den Brief nicht wirklich ab, falls er an lebende Personen gerichtet ist.

So ein Wutbrief kann Wunder bewirken. Eine verwitwete Klientin eines Kollegen litt furchtbar unter der Wut auf ihren Mann. Sie wusste vom Verstand her, dass er für seinen Tod nicht verantwortlich war, und dennoch fühlte sie sich schrecklich von ihm im Stich gelassen. Außer Wut waren kaum andere Gefühle spürbar. Der Trauerbegleiter gab ihr den Rat, ihrem Mann einen Wutbrief zu schreiben.

Also schrieb sie ihrem Mann einen acht Seiten langen Brief. Die erste Seite bestand aus den schlimmsten Anschuldigungen. Doch schon auf der nächsten Seite änderte sich der Ton, und es wurde der reinste Liebes- und Sehnsuchtsbrief. Für diese Frau war der Wutbrief tatsächlich ein guter und schneller Weg, um Zugang zu anderen, viel heilsamere Gefühle in ihrer Trauer zu bekommen. Die Wut war seitdem wie weggeblasen und für sie kein Thema mehr.

An Zorn festhalten ist wie Gift trinken und erwarten, dass der andere dadurch stirbt.

Buddha[29]

Manche Verletzungen oder tatsächliche Vergehen wiegen so schwer, dass wir keinen Weg sehen, jemals unseren Zorn oder Hass loszuwerden. Wir wollen auch gar nicht vergessen oder verzeihen, weil das, was geschehen ist, nie wieder gutzumachen ist. Unser Zorn soll die schwere Schuld des anderen bis in alle Ewigkeit bezeugen und für ihn Strafe sein. Leider schaden wir uns damit aber nur selber.

Du vergibst für dich, weil es dich befreit. Es ermöglicht dir, dem Gefängnis zu entkommen, in dem du dich befindest.

Louise Hay[30]

Wir müssen keine Absolution erteilen. Wir müssen auch nichts vergessen und niemandem verzeihen, aber wir sollten irgendwann einen Schlussstrich ziehen, damit der Zorn oder Hass uns nicht innerlich zerfrisst.

Wenn wir dahin kommen, Situationen zu akzeptieren, wie sie sind, baut sich ein emotionaler Abstand auf und Ruhe kann einkehren. Um dahin zu gelangen, finde ich es hilfreich, sich immer wieder klarzumachen, dass Akzeptieren nicht Gutheißen bedeutet. Am Ende kann es unter Umständen auch zum Verzeihen (und dann vielleicht sogar zu einer Versöhnung) kommen, aber erst einmal muss das überhaupt kein Ziel sein.

Gibt es etwas, das Sie nicht verzeihen können? Falls ja, kann es hilfreich sein, wenn Sie Ihre Vorwürfe einmal in sachlicher Form aufschreiben. Stellen Sie sich dafür vor, Sie würden schriftlich eine Anzeige bei der Polizei stellen. Dadurch, dass der Tatbestand von Ihnen dokumentiert wird, ist er für alle Zeit gesichert und Sie selber brauchen ihn nicht ständig im Kopf zu behalten.

Machen Sie sich noch einmal bewusst, warum es für Sie und Ihr weiteres Leben so wichtig ist, sich vom Zorn zu befreien. Nun schreiben Sie einen Brief aus der Sicht einer liebevollen Freundin oder eines sehr guten Freundes an sich selbst: Die Person macht sich Sorgen um Sie und nennt Ihnen Gründe, warum es wichtig ist, sich vom Zorn zu befreien.

Trotz

Trotz kommt nicht nur bei Kindern vor, sondern auch wir Erwachsenen verhalten uns gelegentlich trotzig und verharren im Widerstand. Das hartnäckige Weigern, den Tod als Realität zu akzeptieren, kann eine Form von Trotz sein.

Auch im Rahmen zwischenmenschlicher Kontakte reagieren Trauernde manchmal trotzig, vor allem dann, wenn sie vorher enttäuscht wurden. Hinter dem Trotz verstecken sich in der Regel andere Gefühle, beispielsweise Sehnsucht, Verzweiflung, Angst oder Überforderung.

Fällt Ihnen eine Ergänzung auf den Satzanfang „Ich will …" ein? Sie können auch viele Sätze schreiben.

Überlegen Sie im Anschluss, welche Gefühle in Ihren „Ich will"-Sätzen stecken. Schreiben Sie neue Sätze, die mit „Ich bin …" anfangen und die auf das jeweilige Gefühl eingehen.

Denken Sie mal an ein kleines, verzweifeltes Kind, das mit Tränen in den Augen und am Rande der Erschöpfung auf dem Boden liegt, mit Armen und Beinen auf den Boden trommelt und immer wieder nur „Ich will aber!" ruft. Dieses Kind braucht ganz dringend liebevolle Zuwendung. Auch Sie brauchen Trost und keine Vorwürfe.

Schreiben Sie auf, was eine sehr nette, verständnisvolle Person zu Ihnen sagen würde, nachdem Sie mit ihr offen über Ihren Trotz gesprochen haben. Sie können auch einen Dialog entstehen lassen.

Enttäuschung

Das Gefühl von Enttäuschung ist bei vielen Trauernden präsent. Es gibt eine Menge, weshalb wir enttäuscht sein können und dürfen. Natürlich macht es Sinn, auch immer mal die Perspektive zu wechseln und sich in die Rolle des Menschen zu versetzen, der uns enttäuscht hat, aber wir brauchen nicht ständig unsere eigenen Gefühle zu unterdrücken und sie „wegzudenken". Es ist in Ordnung, enttäuscht zu sein, auch vom Verstorbenen.

Schreiben Sie über Ihre Enttäuschung. Stellen Sie sich dazu Fragen wie: Wer hat Sie womit enttäuscht? Haben Sie eine Erklärung, wie es dazu kam? Sind vielleicht Ihre Erwartungen zu hoch gewesen?

Erleichterung

Manchmal spüren wir auch Erleichterung im Zusammenhang mit dem Tod einer geliebten Person. Dieses Gefühl erschreckt uns, und wir fühlen uns schuldig und schlecht. Aber das brauchen wir nicht. Wenn wir das Gefühl einer Erleichterung verspüren, dann nur, weil es vorher eine Belastung und oft sogar eine extreme Überbelastung gab, die nun weggefallen ist. Erleichterung zu spüren, ist also völlig normal und menschlich. Auch dieses Gefühl sagt rein gar nichts über unseren Charakter oder über unsere Liebe und die Beziehung zum Verstorbenen aus.

Schreiben Sie über Ihre Erleichterung: Worüber genau sind Sie erleichtert? Bleibt Ihnen etwas erspart? Bleibt dem Verstorbenen etwas erspart?

Schuldgefühle

Die Schuld gehört zu unserem Leben wie das tägliche Brot.

Alfred Delp[31]

Fast jeder Trauernde leidet mehr oder weniger stark unter Schuldgefühlen. Es gibt offenbar immer etwas, das wir bedauern und uns vorwerfen. Manchmal haben wir in unseren Augen nicht genug getan, manchmal haben wir Fehler gemacht, manchmal waren wir zu ungeduldig oder zu hart ... Oft sehen andere unsere Schuldvorwürfe als völlig übertrieben oder komplett ungerechtfertigt an und wollen uns diese ausreden. Das führt jedoch meist dazu, dass wir uns unverstanden fühlen und nur noch stärker an ihnen festhalten.

Hinter hartnäckigen Schuldvorwürfen steckt häufig etwas ganz anderes, z. B. der Wunsch, mit dem Verstorbenen in Verbindung zu bleiben. Wenn Sie auf die Frage „Was wäre, wenn die Schuld weg wäre?“ etwas wie „Dann wäre der geliebte Mensch weg“ antworten würden, liegt die Vermutung nahe, dass auch Sie unbewusst versuchen, über die Schuld in Beziehung zu bleiben. Eine Verbundenheit mit unseren Verstorbenen zu spüren, ist aber zum Glück auch auf ganz anderen Wegen möglich. Zu dem umfangreichen Thema der unterschiedlichen Schuldzuweisungen in der Trauer hat Chris Paul das interessante Buch „Schuld – Macht – Sinn“ geschrieben.

Wir sind Menschen, keine unfehlbaren Götter. Und wir können nicht hellsehen. Wir wissen nicht, was unser Verhalten für Konsequenzen in der Zukunft hat. Wenn wir das überblicken könnten, würden wir oft anders handeln, aber wir können es nun einmal nicht. Wir handeln nach bestem Wissen und Gewissen in der jeweiligen Situation. Für alles, was wir tun oder auch nicht tun, gibt es Gründe. Erst im Rückblick zeigt sich, dass manche Entscheidungen zu etwas geführt haben, was wir nie wollten.

> *Wir können uns quälen bis zu unserem jüngsten Tag oder wir können sagen: Ich wollte das Bestmögliche. Dass das Bestmögliche nicht gereicht hat, liegt nicht in unserer Verantwortung.*
>
> Mario Dieringer[32]

Natürlich kann es auch sein, dass wir wirklich Fehler gemacht haben und nun lernen müssen, damit weiterzuleben. Egal wie sehr wir etwas bedauern und ungeschehen machen möchten, es lässt sich im Nachhinein nicht mehr ändern. Und genau das müssen wir akzeptieren. Wir können uns vielleicht vornehmen, etwas für die Zukunft daraus zu lernen, oder wir können nach Formen einer Wiedergutmachung suchen, aber letztendlich geht es darum, dass wir uns selber verzeihen müssen. Dafür ist es hilfreich, sich klar vor Augen zu führen, dass es zum menschlichen Dasein dazugehört, Fehler zu machen.

> *Der Fehler begleitet den Menschen.*
>
> Platon[33]

Sich selber aus schlechtem Gewissen und Schuldgefühlen heraus kein gutes Leben mehr zu erlauben, ist eine Form der Selbstbestrafung, mit der niemandem geholfen ist.

Ein Punkt, auf den ich an dieser Stelle gerne kurz eingehen möchte, da er mir so oft begegnet, ist die Sterbestunde. Immer wieder machen sich Zugehörige die schlimmsten Vorwürfe, weil sie beim letzten Atemzug des geliebten Menschen nicht dabei waren. Sehr oft höre oder lese ich, dass eigentlich immer jemand im Zimmer bei dem Sterbenden war, aber genau im letzten Moment aus den verschiedensten Gründen eben nicht. Das ist kein Zufall! Ich selbst habe in meiner Zeit als Krankenschwester im Hospiz solche Begebenheiten miterlebt. Viele Ärzte, Pflegekräfte und Sterbebegleiter kennen ebenfalls unzählige solcher Fälle. Es scheint so zu sein, dass sich einige Sterbende genau diese „Ich bin allein“-Momente auswählen. Vielleicht ist es ihnen anders nicht möglich zu sterben, vielleicht wollen sie ihre Liebsten auch schützen … Ich bin jedenfalls überzeugt davon, dass, wenn jemand ohne Anwesende stirbt, es ganz genau so passieren sollte.

Werfen Sie sich etwas vor? Oder sind es gleich mehrere Dinge? Erstellen Sie eine Liste mit allen Punkten.

Nun ist es Zeit, sich das, was Sie sich vorwerfen, einzeln genauer anzuschauen. Im besten Fall entdecken Sie dabei Aspekte, die Ihnen neu sind und die dazu beitragen können, Ihre Selbstvorwürfe aufzugeben.

Stellen Sie sich dafür folgende Situation vor: Ein Staatsanwalt und Ihr Verteidiger reden (auch wenn sie das in Wirklichkeit nicht dürften) über Ihren „Fall". Jeder versucht, den anderen im Gespräch von Ihrer Schuld bzw. Ihrer Nicht-Schuld zu überzeugen. Schreiben Sie den Dialog auf.

Wenn sich in Ihrer Einstellung zu den eigenen Schuldvorwürfen in der nächsten Zeit gar nichts ändert und Ihre Schuldgefühle Sie weiter schwer belasten, suchen Sie sich bitte professionelle Unterstützung.

Neid

Neid wird von uns als negatives Gefühl bewertet und abgelehnt. Oft schämen wir uns sogar dafür, Neid zu empfinden. Das brauchen wir aber nicht, denn auch Neid ist ein ganz menschliches und normales Gefühl. Wenn wir Neid empfinden, beneiden wir meist andere um etwas, das wir gerne hätten. Ich finde, das Wort „beneiden" klingt schon viel freundlicher und legitimer, denn für mich steckt da nicht automatisch Missgunst mit drin. Ich kann auch andere um etwas beneiden, was ich mir selber wünschen würde, und ihnen ihr Glück dennoch gönnen.

Schreiben Sie darüber, wen Sie um was beneiden.

Sehnsucht

Die Sehnsucht nach dem geliebten Menschen scheint uns manchmal unerträglich. Es kann Erleichterung bringen, den Sehnsuchtsschmerz in Worten aufs Papier zu bringen.

Probieren Sie es mit einem Brief an den Verstorbenen aus. Sie dürfen auch eine Antwort verfassen (mehr zum Briefschreiben finden Sie auf Seite 137).

Sehnsucht ist aber auch ein Thema, das sehr gut zu poetischen Texten passt. Haben Sie schon mal probiert, sich über Gedichte auszudrücken? Ein Gedicht muss sich nicht reimen und auch keiner festen Form folgen. Wenn Sie keine Erfahrung im Gedichtschreiben haben, kann Ihnen die folgende Gestaltungsvorgabe helfen. Beim sogenannten Rondell gibt es acht Verszeilen, bei der sich Verse wiederholen. In Variante 1 wiederholt sich die erste Zeile in Zeile vier und sieben. Die zweite Zeile kann, muss aber nicht mit Zeile acht identisch sein. Hier ein Beispiel:

Du fehlst

1. Du fehlst mir so sehr
2. Jeden Morgen, jeden Mittag, jeden Abend, jede Nacht
3. Es ist so schwer ohne dich
4. Du fehlst mir so sehr
5. Sie sagen, ich muss jetzt stark sein
6. Aber ich fühle mich unsagbar schwach
7. Du fehlst mir so sehr
8. Jeden Morgen, jeden Mittag, jeden Abend, jede Nacht

In Variante 2 wiederholt sich nur der Vers aus Zeile zwei in der vierten und siebten Zeile:

Du fehlst

1. Jeder Tag ist gleich
2. Du fehlst mir so sehr
3. Es ist so schwer ohne dich
4. Du fehlst mir so sehr
5. Sie sagen, ich muss jetzt stark sein
6. Aber ich fühle mich unsagbar schwach
7. Du fehlst mir so sehr
8. Jeden Morgen, jeden Mittag, jeden Abend, jede Nacht

Probieren Sie doch mal, ein Rondell über die Sehnsucht oder das Vermissen zu verfassen.

Wenn die Sehnsucht besonders groß ist, können uns auch Fantasiereisen helfen, denn sie vermitteln uns ein Gefühl der Nähe. Im Folgenden finden Sie eine Imagination des Psychotherapeuten Roland Kachler.

Versuchen Sie, sich in die Bilder des Textes einzufühlen. Schreiben Sie direkt im Anschluss auf, wie Sie sich während der Imagination gefühlt haben.

Begegnung im Licht

Ich möchte Sie einladen an einen Ort des Lichtes. Bitten Sie Ihr Unterbewusstes, ein Bild dieses Ortes aufsteigen zu lassen: eine lichtdurchflutete Oase, ein lichter Berggipfel in der goldenen Abendsonne, ein goldenes, lichtes Schloss, vielleicht auch ein sonnendurchfluteter unendlicher Saal, vielleicht der hohe, helle Raum einer Barockkirche. Es ist ein Ort heilenden Lichtes, ein Ort allumfassender, alles durchfließender Liebe. In goldenes und warmes Licht ist dieser transzendente Ort getaucht.

Noch liegt dieser Lichtort in der Ferne. Langsam, Schritt für Schritt gehen Sie auf diesen Lichtort zu. Schon jetzt spüren Sie die Wärme, das Heilende, das von diesem Ort ausgeht. Sie werden angezogen von diesem Ort. Er ist ein unendlich leichter, transparenter Ort. Auch Sie spüren Leichtigkeit. Es ist, als ob Sie dorthin fliegen würden, leicht und getragen von der Lichtbahn, die von dort herkommt.

Sie gelangen an die Schwelle des Lichtschlosses, der Lichtoase, des Lichtes auf dem Berg, zu Ihrem Lichtort. Sie werden durchflutet vom Licht, in hellen Glanz sind Sie getaucht. Sie selbst leuchten.

Jetzt entdecken Sie, dass dieses besondere Leuchten von vorn auf Sie zukommt. Dort sehen Sie im Licht das Bild Ihres Verstorbenen, ganz in den Glanz der Liebe getaucht. Jetzt nehmen Sie wahr, dass er sich bewegt, gekleidet in einen Lichtmantel der Liebe.

Wenn Sie mögen, können Sie sich begegnen. Sie berühren sich ganz behutsam. Sie umarmen sich in einem goldenen Lichtkegel der Liebe, so zärtlich, wie sich zwei Lichtstrahlen durchdringen, spürbar und doch nicht spürbar. Liebe ist es, was Sie in diesem Zusammenfluten des Lichtes spüren. Jetzt wissen Sie, dass Ihr geliebter Mensch hier im Licht so gut wie sonst an keinem Ort aufgehoben ist. Sie wissen, dass er dort auf seine Weise ist und lebt. Sie wissen: Für Ihren geliebten Menschen ist gut gesorgt. Er ist am heilenden Ort der Liebe, im Licht der Ewigkeit, an dem Ort, an den auch Sie in nicht zu ferner Zeit gerufen werden. Und Sie wissen, dass Sie dann gerne zu diesem Lichtort kommen werden.

Jetzt ist es Zeit, Abschied zu nehmen, Ihren ins Licht getauchten geliebten Menschen loszulassen. Sie lösen die Verbindung im Licht, gehen Schritt für Schritt rückwärts. Sie winken sich beide im Licht zu, langsam und bewusst. Ihr geliebter Mensch bleibt in diesem Lichtort.

Während Sie sich umwenden, langsam hierher zurückkehren, wird das Licht schwächer, aber Sie haben ein kleines Licht in Ihrem Herzen mitgenommen. Ein Licht, das bei der Umarmung in Sie eingeflossen war. Das bleibt Ihnen als Erinnerungszeichen an die liebende Umarmung in dem Lichtort, an dem Ihr geliebter Mensch im Licht der Liebe und der Ewigkeit, der Gnade und des Heils sein darf.

Roland Kachler[34]

Mir gefällt auch eine einfache Vorstellungsübung, bei der man ganz viel Liebe ins Jenseits aussendet. Man kann sich diese Liebe bildhaft in Form eines warmen, wunderschönen Lichtstrahls vorstellen. Wenn Sie sich in das Bild gut eingefühlt haben, lassen Sie einen zweiten, noch viel schöneren Lichtstrahl vor Ihrem inneren Auge entstehen, der aus der anderen Richtung auf Sie fällt. Das ist das Licht und die Liebe, die Ihnen die verstorbene Person sendet und von der Sie sich bis in die letzte Körperzelle durchflutet fühlen dürfen.

Die Liebe kennt keine Grenze zwischen Diesseits und Jenseits. Sie verbindet Seelen auch über den Tod hinaus.

Iris Willecke

Angst

Viele Trauernde entwickeln mehr oder weniger starke Ängste. Manchmal sind sie real begründet, manchmal scheinen sie auch völlig aus der Luft gegriffen, und doch sind sie da und machen das Leben noch schwerer.

Oft kommen Trauernde mit der Angst zu mir, langsam, aber sicher verrückt zu werden. Sie entdecken in der Trauer bei sich ganz neue Verhaltensweisen, die sie zum Teil zutiefst verunsichern. Da Trauer aber eine neue Situation darstellt, ist es ganz selbstverständlich, darauf ungewohnt zu reagieren. Das Leben hat sich grundlegend verändert, es ist ein Stück ver-rückt, nicht der Mensch.

Auch die Sorge, dement zu werden, ist weit verbreitet. Sich nicht konzentrieren zu können, vergesslich und schusselig zu sein, ist aber in der Trauer ganz normal. Es handelt sich um harmlose Symptome des überforderten „Trauerhirns“, die wieder vergehen.

Angst ist kein böses, negatives Gefühl. Angst will uns vor Gefahr warnen. Aber sie kann sich verselbstständigen und immer mehr Raum einnehmen. Übermäßige Angst ist natürlich sehr belastend. Wenn Ihre Angst zu einem Problem geworden ist, das Ihnen Sorge bereitet, reden Sie bitte mit einem Arzt oder einer Therapeutin darüber.

Nähern Sie sich einmal schreibend Ihren Angstgefühlen, wenn diese gerade nicht da sind. Beschreiben Sie, wovor Sie genau Angst haben, wann diese in der Regel auftritt, woran Angstgefühle Sie hindern, vielleicht auch, wofür sie eigentlich stehen könnten.

Überlegen Sie auch, ob Sie das Thema Angst schon aus anderen Lebensabschnitten kennen. Lassen sich vielleicht Parallelen erkennen? Wie sind Sie in der Vergangenheit mit Ängsten umgegangen?

Sehen Sie die Angst als Ihren Feind an? Empfinden Sie Angst als etwas Bedrohliches? Schreiben Sie die Geschichte um und machen aus der Angst einen freundlichen Mitbewohner, der sich immer nur zu viel Sorgen um alles macht. Er will absolut nichts Böses. Er möchte Sie nur warnen und beschützen und übertreibt es dabei manchmal ein bisschen. Geben Sie dem Kerlchen ein sympathisches Aussehen und einen passenden Namen. Beschreiben Sie ihn möglichst detailliert. Wenn sich Ihre Angst das nächste Mal meldet, wissen Sie nun immerhin, mit wem Sie es zu tun haben.

AUF EINEN BLICK – GEFÜHLE WAHRNEHMEN UND AUSDRÜCKEN

Schreiben Sie doch mal ...

- eine Liste mit Gefühlen, die Sie in der Trauer bereits kennengelernt haben
- über Ihren Trauer-Kochtopf
- „Sowohl als auch"-Sätze
- einen Wutbrief
- eine ganz sachlich gehaltene Anzeige über den Tod Ihres geliebten Menschen
- einen Brief von einem guten Freund oder einer guten Freundin an Sie mit Gründen, den Zorn aufzugeben
- „Ich will"-Trotzsätze und „Ich bin"-Gefühlssätze
- was eine nette Person zu Ihnen über Ihren Trotz sagen würde
- über Enttäuschungen
- worüber Sie erleichtert sind
- eine Liste mit Punkten, die Sie sich vorwerfen
- ein Gespräch zwischen Staatsanwalt und Ihrem Verteidiger zum Thema Schuld
- darüber, wen Sie worum beneiden
- einen Brief an den Verstorbenen über Ihre Sehnsucht
- ein Rondell über die Sehnsucht
- über Ihre Gefühle während der Imagination „Begegnung im Licht"
- über Ihre Ängste und Ihren Umgang damit
- darüber, wie Sie sich Ihr freundliches Angstwesen vorstellen

Mit der Trauer umgehen

Bilder für die Trauer

Es gibt viele verschiedene Bilder, mit denen Menschen versuchen, Trauer zu beschreiben. Manche vergleichen sie mit einer Bergbesteigung, andere finden den Vergleich mit einer Segelreise stimmiger, wieder andere meinen, Trauer wäre wie eine Wüstendurchquerung.

Eine Metapher zu haben, kann uns helfen, Beschreibungen für etwas eigentlich Unbeschreibliches zu finden. Und mit Bildern gelingt es uns manchmal leichter, anderen etwas näherzubringen.

Womit lässt sich Ihrer Meinung nach Trauer am besten vergleichen? Wenn Sie nicht sofort eine Antwort parat haben, lassen Sie sich ruhig Zeit. Es gibt viele stimmige Bilder.
Wenn Sie für sich eine Metapher gefunden haben, schreiben Sie darüber. Sie können mit dem Satz „Trauer ist für mich wie ..." beginnen. Erklären Sie Ihr Bild so ausführlich wie möglich.

Wenn Sie mögen, können Sie das Bild später auch skizzieren oder dazu eine Collage erstellen.

Sie können auch das sogenannte serielle Schreiben nutzen. Hierbei wird immer wieder derselbe Satzanfang genutzt und anders fortgesetzt, in diesem Fall also „Trauer ist ...", „Trauer ist ..."

Das Märchen von der traurigen Traurigkeit

Es war eine kleine alte Frau, die bei der zusammengekauerten Gestalt am Straßenrand stehenblieb. Das heißt, die Gestalt war eher körperlos, erinnerte an eine graue Flanelldecke mit menschlichen Konturen.

„Wer bist du?", fragte die kleine Frau neugierig und bückte sich ein wenig hinunter.

Zwei lichtlose Augen blickten müde auf. „Ich ... ich bin die Traurigkeit", flüsterte eine Stimme so leise, dass die kleine Frau Mühe hatte, sie zu verstehen.

„Ach, die Traurigkeit", rief sie erfreut aus, fast als würde sie eine alte Bekannte begrüßen.

„Kennst du mich denn?", fragte die Traurigkeit misstrauisch.

„Natürlich kenne ich dich", antwortete die alte Frau, „immer wieder einmal hast du mich ein Stück des Weges begleitet."

„Ja, aber ..." argwöhnte die Traurigkeit, „warum flüchtest du nicht vor mir, hast du denn keine Angst?"

„Oh, warum sollte ich vor dir davonlaufen, meine Liebe? Du weißt doch selber nur zu gut, dass du jeden Flüchtigen einholst und dich so nicht vertreiben lässt. Aber, was ich dich fragen will, du siehst – verzeih diese absurde Feststellung – du siehst so traurig aus?"

„Ich ... ich bin traurig", antwortete die graue Gestalt mit brüchiger Stimme.

Die kleine alte Frau setzte sich jetzt auch an den Straßenrand. „So, traurig bist du", wiederholte sie und nickte verständnisvoll mit dem Kopf. „Magst du mir erzählen, warum du so bekümmert bist?"

Die Traurigkeit seufzte tief auf. Sollte ihr diesmal wirklich jemand zuhören wollen? Wie oft hatte sie es vergebens versucht, doch …

„Ach, weißt du“, begann sie zögernd und tief verwundert, „es ist so, dass mich offensichtlich niemand mag. Es ist meine Bestimmung, unter die Menschen zu gehen und eine Zeitlang bei ihnen zu verweilen. Bei dem einen mehr, bei dem anderen weniger. Aber fast alle reagieren so, als wäre ich die Pest. Sie haben so viele Mechanismen für sich entwickelt, meine Anwesenheit zu leugnen.“

„Da hast du sicher recht“, warf die alte Frau ein. „Aber erzähle mir ein wenig davon.“

Die Traurigkeit fuhr fort: „Sie haben Sätze erfunden, an deren Schutzschild ich abprallen soll. Sie sagen ‚Papperlapapp – das Leben ist heiter‘, und ihr falsches Lachen macht ihnen Magengeschwüre und Atemnot.

Sie sagen ‚Gelobt sei, was hart macht‘, und dann haben sie Herzschmerzen.

Sie sagen ‚Man muss sich nur zusammenreißen‘ und spüren das Reißen in den Schultern und im Rücken.

Sie sagen ‚Weinen ist nur für Schwächlinge‘, und die aufgestauten Tränen sprengen fast ihre Köpfe.

Oder aber sie betäuben sich mit Alkohol und Drogen, damit sie mich nicht spüren müssen.“

„Oh ja“, bestätigte die alte Frau, „solche Menschen sind mir oft in meinem Leben begegnet. Aber eigentlich willst du ihnen ja mit deiner Anwesenheit helfen, nicht wahr?“

Die Traurigkeit kroch noch ein wenig mehr in sich zusammen. „Ja, das will ich“, sagte sie schlicht, „aber helfen kann ich nur, wenn die Menschen mich zulassen. Weißt du, indem ich versuche, ihnen ein Stück Raum zu schaffen zwischen sich und der Welt, eine Spanne Zeit, um sich selbst zu begegnen, will ich ihnen ein Nest bauen, in das sie sich fallen lassen können, um ihre Wunden zu pflegen. Wer traurig ist, ist ganz dünnhäutig und damit nahe bei sich.

Diese Begegnung kann sehr schmerzvoll sein, weil manches Leid durch die Erinnerung wieder aufbricht wie eine schlecht verheilte Wunde. Aber nur, wer den Schmerz zulässt, wer erlebtes Leid betrauern kann, wer das Kind in sich aufspürt und all die verschluckten Tränen weinen lässt, wer sich Mitleid für die inneren Verletzungen zugesteht, der, verstehst du, nur der hat die Chance, dass seine Wunden wirklich heilen.

Stattdessen schminken sie sich ein grelles Lachen über die groben Narben. Oder verhärten sich mit einem Panzer aus Bitterkeit."

Jetzt schwieg die Traurigkeit, und ihr Weinen war verzweifelt.

Die kleine alte Frau nahm die zusammengekauerte Gestalt tröstend in den Arm. „Wie weich und sanft sie sich anfühlt", dachte sie und streichelte zärtlich das zitternde Bündel. „Weine nur, Traurigkeit", flüsterte sie liebevoll, „ruhe dich aus, damit du wieder Kraft sammeln kannst. Ich weiß, dass dich viele Menschen ablehnen und verleugnen. Aber ich weiß auch, dass schon einige bereit sind für dich. Und glaube mir, es werden immer mehr, die begreifen, dass du ihnen Befreiung ermöglichst aus ihren inneren Gefängnissen. Von nun an werde ich dich begleiten, damit die Mutlosigkeit keine Macht gewinnt."

Die Traurigkeit hatte aufgehört zu weinen. Sie richtete sich auf und betrachtete verwundert ihre Gefährtin.

„Aber jetzt sage mir, wer bist du eigentlich?"

„Ich", antwortete die kleine alte Frau und lächelte still, „ich bin die Hoffnung!"

Inge Wuthe[35]

In dem Märchen der Gestalttherapeutin Inge Wuthe ist die Traurigkeit eine graue, sehr traurige Gestalt.

Stellen Sie sich vor, Sie würden spazieren gehen und auf einmal Ihrer Trauer in Person begegnen. Wie sähe sie aus? Wäre es eine alte Frau oder ein kräftiger Mann in den besten Jahren? Wie würde sich die Person verhalten? Wäre sie eher zurückhaltend und höflich oder aggressiv und aufdringlich? Würden Sie Ihrer Trauer gern etwas sagen? Oder haben Sie Fragen an sie? Schreiben Sie über Ihre überraschende Begegnung mit Ihrer Trauer als Person.

Vielleicht können Sie sich Ihre Trauer aber auch leichter als „Trauermonster“ vorstellen. Kennen Sie den Animationsfilm „Die Monster AG“? Er zeigt eindrücklich, dass Monster zum Teil auch sehr kuschelige, liebenswerte Wesen sein können.

Wie sieht Ihr persönliches Trauermonster aus?
Welche Farbe hat es, welche Größe? Wie ist es vom Wesen her?
Hat es besondere Eigenarten?
Welcher Name passt zu ihm?
Beschreiben Sie es.

Haben Sie sich schon einmal Gedanken über Ihren bisherigen Trauerweg gemacht? Keiner gleicht dem anderen.

Wie lässt sich Ihr Trauerweg beschreiben? Sie können einen längeren, zusammenhängenden Text schreiben, oder Sie versuchen es mit lediglich sechs Stichworten.

Sie können auch versuchen, ein ganzes Märchen über Ihre Trauererfahrung zu schreiben. Falls Ihnen die Idee zusagt, darf das eine ziemlich anspruchsvolle und zeitintensive Aufgabe werden, die natürlich nicht an einem Tag fertiggestellt zu werden braucht. Machen Sie sich von dem Anspruch frei, eine richtig toll geschriebene Geschichte als Endergebnis vorliegen zu haben. Es geht vielmehr um Ihre Auseinandersetzung mit der eigenen Trauer.

Das Schreiben eines Märchens erlaubt Ihnen einen ganz neuen Zugang und die Konzentration auf das Wesentliche. Magische Dinge fernab jeder Realität und ein gutes Ende sind möglich. Wenn Sie sich davon angesprochen fühlen, spricht nichts dagegen, dass Sie sich an einem Märchen versuchen.

Schreiben Sie nicht in Ich-Form, sondern über ein märchenhaftes Wesen Ihrer Wahl. „Es war einmal …" wäre ein klassischer Anfang.

In der Poesie- und Bibliotherapie vertraut man auf die Heilkraft der Sprache durch die Beschäftigung mit fremden und die Erstellung eigener Texte.

Lesen Sie viel? Finden Sie sich manchmal in fremden Texten wieder? Wie geht es Ihnen mit den vorgestellten Gedichten in diesem Buch? Haben Sie diese überhaupt gelesen oder übersprungen?

Suchen Sie sich ein Lieblingsgedicht aus und schreiben Sie darüber, warum es Sie anspricht. Danach können Sie auch versuchen, den Inhalt des Gedichts in Ihrem ganz eigenen Stil mit eigenen Worten wiederzugeben. Vielleicht entsteht ja ein neues Gedicht.

Trauertypen

Haben Sie schon einmal von Trauertypen gehört? Stark vereinfacht lassen sich vier Trauertypen unterscheiden. Es gibt zunächst die Emotionalen. Darunter versteht man Trauernde, die Gefühle stark wahrnehmen und diese zulassen und z. B. über Weinen, Reden und körperliche Schmerzen ausdrücken. Dann gibt es die Sachlichen. Sie versuchen, der Trauer mit ihrem Verstand zu begegnen. Ihnen ist es wichtig, Dinge zu verstehen. Sie lesen viel über Trauer, recherchieren im Internet und sind stets auf der Suche nach Antworten. Die Aktiven hingegen versuchen in der Trauer, viel zu tun oder sich zu bewegen. Manche machen übermäßig Sport, andere verfallen in Aufräumaktionismus, wieder andere arbeiten sehr viel und können Pausen nicht gut ertragen. Die Verdrängenden möchten die Trauer nicht spüren und lenken sich daher sehr viel ab. Sie versuchen, den gewohnten Alltag möglichst schnell wiederherzustellen. Die meisten Trauernden können sich klar einem, manchmal zwei Typen zuordnen.

Wie sieht es bei Ihnen aus? Welche Strategie verfolgen Sie überwiegend, natürlich mehr oder weniger unbewusst? Schreiben Sie auf, warum Sie meinen, in welche „Schublade" auch immer zu passen.

In der Trauer kann man in allen Bewältigungsstrategien Vor- und Nachteile entdecken. Somit ist kein Trauertyp generell besser oder schlechter. Jede Art, mit Trauer umzugehen, hat zu bestimmten Zeiten ihre Berechtigung. Am besten ist es, wenn man flexibel ist und verschiedene Strategien von allen vier Typen für sich nutzen kann.

Aus dem „Praxisbuch Trauergruppen" meiner Kollegin Mechthild Schroeter-Rupier stammt die Idee, Teilnehmenden kleine Kärtchen fürs Portemonnaie, die Kühlschranktür oder den Spiegel mitzugeben, auf denen folgende Fragen stehen:

Habe ich heute schon ...

- gefühlt?
- gedacht?
- etwas gemacht?
- schwere Gedanken weggeschoben?

Sie sollen dadurch ermutigt werden, alle vier Arten, mit Trauer umzugehen, in ihren Alltag zu integrieren und nicht nur ihrem gewohnten Muster zu vertrauen. Wenn Sie mögen, fertigen Sie sich doch Ihren eigenen Merkzettel und suchen sich dafür einen geeigneten Platz.

Ich nutze die Beschreibung der Trauertypen gern, um bei Trauernden Verständnis für andere zu wecken. Gerade in Familien kommt es häufig zu Missverständnissen und Konflikten, weil es manchmal den Anschein haben kann, als wenn andere gar nicht wirklich trauern. Zu wissen, dass man ihnen damit sehr wahrscheinlich unrecht tut und sie nur eine ganz andere Art zu trauern haben, als man selbst, kann enorm hilfreich sein.

Werfen auch Sie jemandem im Geheimen vor, nicht richtig zu trauern? Falls ja, könnte er einfach nur ein anderer Trauertyp sein?

Haben Sie sich schon mal gefragt, ob man es Ihnen ansieht, dass Sie trauern? Glauben Sie, dass jemand Fremdes es nur an Ihrem äußeren Erscheinungsbild erkennen kann? Wenn es so wäre, wäre das in Ihren Augen gut oder schlecht?

Hätte es mehr Vor- oder Nachteile, wenn Trauernde z. B. wieder eindeutig an schwarzer Kleidung erkennbar wären?
Wenn Sie möchten, können Sie schriftlich einen Talkshowdialog entwerfen, bei dem Befürworter und Gegner – gern auch hitzig – darüber miteinander debattieren.

Trauerausdruck

> *Der Grad der Trauer lässt sich nicht an der Anzahl der vergossenen Tränen ablesen.*
>
> Helga Schäferling[36]

Weinen Sie? Für viele gehören Tränen zur Trauer dazu, aber längst nicht jeder vergießt Tränen. Relativ häufig höre ich den Satz „Ich kann überhaupt nicht weinen". Manchmal ist er mit der unbegründeten Sorge verbunden, nicht richtig zu trauern oder generell nicht normal zu sein. Wenn Sie nicht weinen können, ist das aber völlig in Ordnung, egal, ob es sich nur um eine vorübergehende Phase handelt oder ob es so bleibt. Nicht jeder drückt Trauer über Tränen aus.

Versuchen Sie mal, über das Weinen zu schreiben. Wie ist es für Sie, weinen zu können – oder eben auch nicht? Haben Sie Angst vor dem Tränenfluss? Geht es Ihnen nach dem Weinen besser oder erschöpft es Sie? Sie können mit dem Satz starten „Weinen bedeutet für mich ..."

Kurzfristiges „Jammern" und „Baden in Selbstmitleid" schaden uns nicht! Im Gegenteil. Auf Dauer sieht das allerdings anders aus, denn dann kommt es einem Verharren an der immer gleichen Stelle im Trauerprozess gleich. Den Trauerweg gar nicht erst betreten zu wollen, funktioniert aber auch nicht. Einige Trauernde versuchen jedoch genau das. Sie reden sich kontinuierlich ein, dass es anderen noch viel schlechter geht oder dass ihre Beziehung zum Verstorbenen ja gar keine tiefe Trauer rechtfertigen würde. Sie nehmen sich damit quasi selbst die Erlaubnis zu trauern und schneiden sich so von ihrem inneren Empfinden ab. Dieses Unterdrücken der Emotionen erfordert in der Regel viel Kraft und gelingt nicht zuverlässig.

Diesen Menschen hilft der Hinweis, dass mit dem Tod durchaus auch etwas Schlimmes für sie selber passiert ist und dass es nun richtig und wichtig ist zu trauern. Motiviert man sie dazu, über ihren Verlust zu sprechen, ist das oft wie ein blockadelösender Dammbruch, der Gutes bewirkt, indem er Gefühle ins Fließen bringt.

Jetzt ist Zeit zum „Jammern". Schreiben Sie auf, was es alles zu „beklagen" gibt. Geben Sie sich zum „Baden im Selbstmitleid" maximal 15 Minuten Zeit. Sie können anfangen mit „Es tut mir für mich so leid, dass ..."

Tut Ihnen auch für den geliebten Menschen etwas leid? Sie haben wieder 15 Minuten, um alles aufzuschreiben. Starten Sie mit „Es tut mir für dich so leid, dass ..."

Wie wäre es, wenn Sie sich von den traurigen Gedanken nun ganz bewusst mit etwas ablenken, was Ihnen guttut? Wenn Sie schon die Liste aus dem Schreibimpuls auf Seite 95 angefertigt haben, können Sie sich von dort Ideen holen.

Wussten Sie, dass sich Trauer in ganz vielen verschiedenen Symptomen und Veränderungen bemerkbar machen kann?

Körperliche Reaktionen wie Beklemmungsgefühle, Magenschmerzen, Herzrasen, Kurzatmigkeit, Muskelschwäche kommen genauso vor wie Schlafstörungen, Appetitveränderungen, Konzentrationsschwierigkeiten, Vergesslichkeit, Unruhe oder Antriebslosigkeit. Und die Liste der möglichen Symptome ist noch viel länger.

Haben Sie Veränderungen an sich bemerkt?
Beschreiben Sie, was sich verändert hat und wie die Auswirkungen sind.

Auf Trauer zurückzuführende Veränderungen sind nicht von Dauer, können aber über Monate bestehen. Wenn Sie Sorge haben, möglicherweise ernsthaft erkrankt zu sein, lassen Sie die Symptome sicherheitshalber von einem Arzt abklären.

Viele Trauernde erzählen mir, dass sie viel grübeln und dadurch oft auch nicht gut einschlafen können. Die Gedanken drehen sich ununterbrochen im Kreis. Es ist wie bei einem Karussell, aus dem man während der Fahrt nicht aussteigen kann. Mir gefällt hier auch das Bild der kleinen Affenfamilie, die wild im Kopf herumspringt und uns mit ihrem Affengeplapper nicht schlafen lässt. Man hat für diesen Zustand auch den Begriff „Monkey Mind“ geprägt. Aber wie können wir die Affen verjagen oder zumindest in den Schlaf wiegen? Am besten akzeptieren Sie als Erstes, dass sie zurzeit überhaupt da sind. Sie werden wahrscheinlich nicht für immer bleiben, aber im Moment sind sie eben da und toben sich aus.

Es gibt glücklicherweise eine ganze Menge an verschiedenen Methoden gegen das Grübeln, die Sie ausprobieren können. Entspannungstechniken, Achtsamkeitsübungen, Meditationen und Übungen aus dem Mentaltraining können helfen. Eine bekannte Methode nennt sich Gedankenstopp. Sobald Sie sich beim Grübeln ertappen, sagen Sie zu sich selbst, und am besten laut, „Stopp!“ Gut ist es, sich dazu jedes Mal eine rote Stoppkelle oder ein Stoppschild vorzustellen.

Um im Anschluss nicht sofort wieder den Grübelgedanken nachzuhängen, lenken Sie Ihr Gehirn mit anderer Arbeit ab. Suchen Sie sich beispielsweise drei Dinge in dem Raum, in dem Sie sich gerade befinden, und beschreiben Sie diese genau (in Gedanken oder noch besser laut) oder zählen Sie in Dreierschritten rückwärts von 100 herunter. Der Gedankenstopp funktioniert möglicherweise nicht auf Anhieb, aber je mehr Sie ihn anwenden, desto besser wird es klappen.

Wer massiv unter Gedankenkreisen leidet, kann sich ein „Grübeltagebuch“ zulegen und 30 Minuten am Tag fürs Grübeln reservieren. Am besten wählen Sie sich dafür einen festen „Grübelort“, an dem Sie gut schreiben können. Alles, was Ihnen an Fragestellungen, Sorgen, Aufgaben usw. in den Kopf kommt, wird im Buch notiert. So haben Sie die Beruhigung, dass nichts Wichtiges vergessen wird. Nach 30 Minuten ist die Zeit um und Sie beschäftigen sich bewusst für den Rest des Tages mit anderen Dingen. Kommen Ihnen die Grübelgedanken in den Sinn, sagen Sie sich konsequent „Stopp, jetzt ist keine Grübelzeit, morgen geht’s weiter.“

Sind Ihre Gedanken eher lösungsorientiert und hilfreich oder grübeln Sie viel, ohne dabei weiterzukommen? Hält Sie das Gedankenkarussell von irgendetwas ab oder stört es gar nicht weiter? Klingt die Idee des Grübeltagebuchs für Sie plausibel, oder ist das nichts für Sie? Schreiben Sie übers Grübeln.

Im Augenblick der Verzweiflung zählt nicht,
was richtig oder was falsch ist, sondern was uns hilft,
weiterzuleben.

Romain Gary[37]

Trauer ist eine absolute Ausnahmesituation, am Anfang kann es ums blanke Überleben gehen. Wir greifen aus der Not heraus manchmal auf Strategien zurück, die auf Dauer ausgesprochen negative Folgen für uns haben, z. B starker Alkoholkonsum, Medikamente, exzessiver Sport, kompletter Rückzug. Diese Strategien sollte man dennoch nicht verteufeln, denn sie dienen dem Überleben. Es ist nur wichtig, rechtzeitig den Absprung zu schaffen.

Überlegen Sie, ob Sie irgendwelche auf Dauer ungünstigen Angewohnheiten entwickelt haben. Falls ja, schreiben Sie darüber, warum Ihre bisherige Gewohnheit auf Dauer für Sie ungünstig ist. Was sind vor allem auch die langfristigen Konsequenzen, die bei einer Beibehaltung drohen?

Sollten Sie sich nun dafür entscheiden, möglichst bald die schädliche Angewohnheit aufgeben zu wollen, handeln Sie eine Zielvereinbarung mit sich selber aus. Seien Sie dabei möglichst genau. Bis wann wollen Sie was erreicht haben? Halten Sie die Punkte schriftlich fest. Eine Zielvereinbarung könnte folgendermaßen aussehen:

- „Nach Möglichkeit möchte ich gerne in den nächsten ..."
- „Sollte ich mein Ziel nicht erreichen, ..."

Zum Schluss bekräftigen Sie das Vereinbarte mit Datum und Unterschrift.

Manche Menschen brauchen sogenannte Verstärker, um ihr Ziel zu erreichen. Das kann eine Belohnung sein oder auch eine negative Konsequenz bei Nichterfüllung. Wenn Sie sich mit einer „Bestrafung" motivieren möchten, suchen Sie nur etwas eher Harmloses aus. Vergessen Sie niemals den liebevollen Blick auf sich selbst. Vielleicht waren Ihre Ziele am Ende zu hoch gesteckt und somit gar nicht erreichbar. Vielleicht sind Sie auch schon an einem Punkt, an dem das Aufhören alleine kaum noch möglich ist und Sie nach externer Hilfe Ausschau halten sollten.

Haben Sie Fragen rund um Ihre Trauer, die Sie zu passender Gelegenheit irgendwem stellen möchten oder die Sie recherchieren wollen? Sammeln Sie alle in einer Frageliste. So werden sie nicht vergessen.

Besondere Tage

Trauertage

Geburtstag
Todestag
Stichtag
sie kündigen sich an wie ein Gewitter
drohend und dunkel
ein schwarzes Loch
in das es einen hineinzieht
sie einfach überspringen
streichen aus dem Kalender
als wenn sie nicht da wären

oder

sie begehen
annehmen
einnehmen
für sich
sie ganz bewusst
zu einem besonderen Tag werden lassen

Pirko Lehmitz[38]

Es gibt bestimmte Tage im Jahr, die eng mit dem Verstorbenen verbunden sind, wie z. B. der Todestag oder der Geburtstag. Solche Tage gilt es zu würdigen. Die meisten Trauernden machen den Fehler, diese Tage ungeplant auf sich zukommen zu lassen. Die

Hoffnung, dass das Ignorieren das Durchstehen des Tages leichter macht, bewahrheitet sich meist nicht, im Gegenteil. Daher ermutige ich Trauernde immer dazu, den Tag bewusst anzugehen und etwas zeitlich Begrenztes einzuplanen, das ein bewusstes Gedenken an den Verstorbenen beinhaltet. Der geliebte Mensch ist tot, und das ist furchtbar. Daher darf der Tag emotional werden und Sie noch einmal deutlich Ihre Trauer spüren lassen. Jede Träne, die geweint wird, jedes bewusste Durchleben der Trauergefühle bringt Sie auf Ihrem Trauerweg ein Stück weiter.

Gut ist es, wenn Sie für den übrigen Teil des Tages Dinge planen, die Sie zurück in Ihr neues Leben bringen. Machen Sie am besten irgendetwas, das überhaupt nichts mit Ihrer Trauer zu tun hat und Sie spüren lässt, dass Ihr Leben trotz allem auch noch aus guten Momenten besteht, für die es sich zu leben lohnt.

Aber bleiben Sie nach Möglichkeit immer offen für Planänderungen. Es kann gut sein, dass Sie an dem bestimmten Tag aufwachen und merken, dass alles, was Sie sich so schön im Vorfeld überlegt haben, nun doch so gar nicht mehr umsetzbar erscheint. Das ist dann auch in Ordnung! Zwingen Sie sich zu nichts, was sich nicht richtig anfühlt. Pläne sind gut, aber sie dürfen auch wieder über den Haufen geworfen werden.

Erstellen Sie eine Liste mit den „besonderen Tagen" und beginnen Sie eine Ideensammlung, wie Sie die jeweiligen Tage verbringen könnten.

Ich kenne einige Familien, in denen die Geburtstage jedes Jahr genutzt werden, um den Verstorbenen und sein Leben zu würdigen.

Dazu werden Gäste eingeladen, mit denen man auf den Verstorbenen anstößt, es werden Erinnerungen ausgetauscht und seine Lieblingsspeise zubereitet. Solche Zusammenkünfte müssen überhaupt nicht traurig sein. Wäre so etwas auch für Sie vorstellbar?

Auch Feste wie Weihnachten, der Jahreswechsel oder Ostern können für Trauernde zu einer sehr großen Herausforderung werden. Oft gibt es zu solchen Tagen in Familien bestimmte Traditionen, an denen der Verstorbene Anteil hatte. Nun müssen Sie sich die Frage stellen, was davon beibehalten werden soll und was nur als Belastung wahrgenommen würde und deshalb wegfallen könnte. Problematisch wird es, wenn mehrere betroffene Personen ganz verschiedene Vorstellungen haben. Dann gilt es, Kompromisse zu finden, mit denen alle möglichst gut leben können. Wichtig ist, dass miteinander offen gesprochen wird. Dafür ist es hilfreich, sich schon einmal Gedanken über das Thema gemacht zu haben.

Legen Sie eine Tabelle mit zwei Spalten an. Gehen Sie gedanklich jedes Fest durch und halten Sie den gewöhnlichen Ablauf und Ihre Traditionen in Stichpunkten in der ersten Spalte fest. Gab es z. B. an Weihnachten immer einen Tannenbaum? Wer hat ihn besorgt, wer hat ihn aufgestellt und geschmückt? Sind Sie immer in die Kirche gegangen? Gab es ein traditionelles Essen?

Wahrscheinlich merken Sie schon, dass die Erinnerungen an die vergangenen Feste wehtun, da vieles nun nicht mehr wie gewohnt geht oder sich ganz falsch anfühlt. Notieren Sie in der zweiten Spalte erste Stichpunkte, was beim nächsten Fest bleiben oder ganz anders werden soll. Es ist nur eine Momentaufnahme. Sie dürfen jederzeit alles wieder neu entscheiden.

AUF EINEN BLICK – MIT DER TRAUER UMGEHEN

Schreiben Sie doch mal ...

- darüber, womit Trauer für Sie vergleichbar ist
- Sätze, die mit „Trauer ist ..." beginnen
- über eine Begegnung mit Ihrer personifizierten Trauer
- über Ihr Trauermonster
- über Ihren bisherigen Trauerweg, entweder ausführlich oder in sechs Stichworten
- ein Trauermärchen
- über ein Lieblingsgedicht oder verfassen Sie ein neues Gedicht
- darüber, welcher Trauertyp Sie sein könnten
- eine Debatte über das Tragen von Trauerkleidung
- über das Weinen
- Jammertexte, z. B. mit den Anfängen „Es tut mir für mich so leid ..." und „Es tut mir für dich so leid ..."
- über Symptome und körperliche Veränderungen, die Sie bei sich bemerken
- übers Grübeln
- über auf Dauer negative Bewältigungsstrategien und verfassen Sie eine Zielvereinbarung mit sich selbst
- Fragen rund um Ihre Trauer auf, auf die Sie noch keine Antworten haben
- eine Liste der „besonderen Tage" mit einer Ideensammlung
- eine Tabelle mit Stichpunkten zur Gestaltung der kommenden Feste

Ressourcen nutzen

Unter Ressourcen kann man all das zusammenfassen, was einer Person hilft, um mit Krisen und Belastungen umzugehen. Jeder Mensch besitzt materielle, soziale und psychische Ressourcen in ganz unterschiedlicher Ausprägung. Da wir unseren Blick meist nur auf das richten, was uns fehlt, und weniger auf das, was wir haben, sind uns die vorhandenen Ressource oft nicht bewusst. Es macht aber Sinn, das Augenmerk darauf zu richten, was bereits an eigenem Bewältigungspotenzial zur Verfügung steht und wie wir die vorhandenen Ressourcen nutzen und stärken können.

Auf unserem Trauerweg fallen wir immer wieder in tiefe Trauerlöcher. Wenn wir uns in einem solchen Loch befinden, erinnern wir uns nicht mehr an Dinge, die uns in dieser Situation helfen könnten. Unser Gehirn ist blockiert, und es fühlt sich vielleicht so an, als schmerzte jede Faser unseres Körpers. Logisches Denken funktioniert da nur sehr eingeschränkt. Für solche Extremzeiten ist es gut, wenn Sie vorgesorgt und sich einen Notfallzettel erstellt haben, auf den Sie schauen können.

Denken Sie dabei an Dinge und Aktivitäten, die Sie von dem inneren Empfinden weg in die Außenwahrnehmung bringen, wie z. B. einfache Wahrnehmungsübungen. Sie können beispielsweise jeweils drei Dinge versuchen zu finden, die sie von ihrem derzeitigen Standort aus sehen, hören, riechen und fühlen können. Sie können auch Gegenstände, etwa Bücher, Tassen oder Buntstifte, aus Ihrem Hausstand zählen.

Sportliche Aktivitäten, ein Spaziergang oder Hausarbeit sind ebenfalls günstig. Oder Sie tun Ihrem Körper etwas Gutes, indem Sie ihn abklopfen, massieren, abduschen, eincremen … Entspannungsübungen sind in Krisensituationen eher ungünstig, da sie die innere Anspannung oft sogar verstärken.

Überlegen Sie: Was kann Ihnen in Trauerkrisen helfen? Wen können Sie jederzeit anrufen? Was hilft Ihnen, auf andere Gedanken zu kommen?

Im Folgenden finden Sie eine Vorlage für einen Notfallzettel und einen symbolischen Rettungsring, Sie können sich aber auch Ihre ganz eigenen Vorlagen entwerfen.

Die Nummern der Telefonseelsorge (0800 1110111 oder 0800 1110222) gehören unbedingt mit darauf. Dort ist 24 Stunden am Tag jemand erreichbar, der Ihnen zuhört und Sie durch Krisenzeiten begleitet. Niemand muss sich schämen, dort anzurufen. Seit einiger Zeit ist übrigens auch ein Mail- oder Chatkontakt möglich.

Mein Notfallzettel

Menschen, mit denen ich reden kann (mit Telefonnummern):

____

____

Telefonseelsorge:
0800/1110111 oder 0800/1110222 oder www.telefonseelsorge.de

Tätigkeiten, mit denen ich mich ablenken kann:

____

____

Wenn ich verzweifelt bin, hilft mir:

____

____

Wenn ich Angst habe, hilft mir:

____

____

Wenn ich nicht einschlafen kann, hilft mir:

____

____

Rettungsring für Trauerzeiten

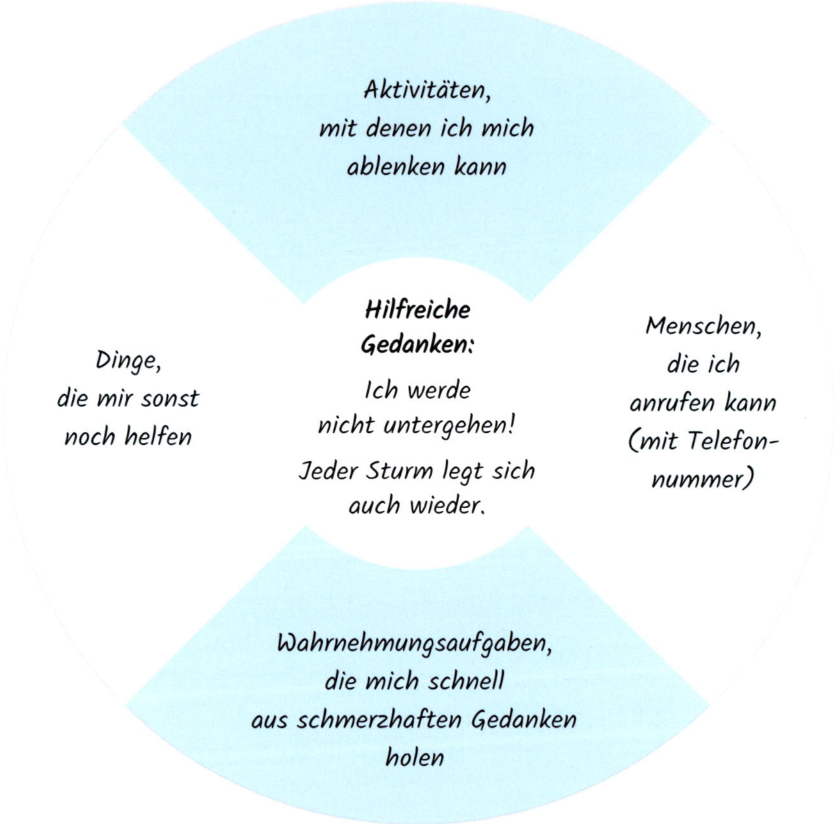

Eine Version zum reinschreiben und weitere Bilder können Sie sich unter https://iris-willecke.de/downloads/ für die nicht kommerzielle Nutzung kostenlos herunterladen.

Entscheiden Sie sich, wie ihr ganz persönlicher Krisenzettel aussehen soll, und legen sich einen an.

Wenn der Todestag Ihres geliebten Menschen noch nicht so lange her ist, haben Sie momentan wahrscheinlich keine rechte Lust zu irgendetwas. Freude zu empfinden und Dinge genießen zu können, fällt zumindest am Anfang der Trauer den meisten sehr schwer. „Mein geliebter Mensch ist tot und ich habe Spaß und lasse es mir gutgehen – das darf doch gar nicht sein!“ sind typische Gedankengänge. Und auch auf das erste herzhafte Lachen nach einem Todesfall folgt bei vielen automatisch ein schlechtes Gewissen oder Unverständnis sich selbst gegenüber: „Wie kann ich bloß lachen, als wenn nichts passiert wäre?“

Bitte versuchen Sie möglichst schnell, sich von solchen Gedanken freizumachen. Es ist für Sie wichtig, sich wieder am Leben zu beteiligen und auch gute Momente erleben zu können. Sie brauchen kleine Trauerauszeiten, um wieder Kraft zu schöpfen und nicht jeglichen Lebensmut zu verlieren. Gute, trauerfreie Zeiten zu haben, heißt nicht, den verstorbenen Menschen zu vergessen. Und es sagt auch rein gar nichts über Ihren Charakter oder Ihre Liebe zu ihm aus!

Leid und Freud

Wie Nacht und Tag
stehen Freud und Leid
nebeneinander
lösen sich ab
wie Töne im Lied
fließen ineinander über
berühren sich
überspringen sich
wie Steine im Spiel
bleiben im Wechsel
unverwechselbar
wie Tag und Nacht

Annemarie Schnitt[39]

Manchmal machen wir uns auch Sorgen, was das Umfeld von uns denkt. Das sollte uns allerdings völlig egal sein. Es gibt leider immer Leute, die über andere schlecht reden müssen. Und ganz egal, was wir tun, irgendwer findet es immer falsch oder unpassend. Wir leben aber nicht, um es anderen rechtzumachen. Gerade in Trauerzeiten ist es wichtig, sich nicht zu sehr von anderen beeinflussen zu lassen, sondern gut bei sich zu bleiben und hauptsächlich darauf zu achten, was gerade für uns selber richtig und wichtig ist.

Was ist aktuell für Sie bedeutsam? Welches Bedürfnis kommt vielleicht zu kurz? Erstellen Sie eine Liste mit Dingen, die Ihnen guttun oder früher gutgetan haben. Suchen Sie möglichst viele Aktivitäten, die Sie vor dem Tod des geliebten Menschen gern gemacht oder die Ihr Wohlbefinden gefördert haben, die nun aber in Vergessenheit geraten sind. Das können kleine, alltägliche Dinge sein, z. B. ein heißes Bad, eine Tasse Tee, Stricken, der Gang zur Kirche.

Wenn die Liste fürs Erste fertig ist (Ergänzungen sind jederzeit willkommen!), schauen Sie sich alle Punkte noch einmal ganz genau an und überlegen zu jedem einzelnen, ob Sie ihn mal wieder in die Tat umsetzen möchten. Nehmen Sie sich Ihre Liste in den nächsten Wochen und Monaten öfter mal zur Hand. Am besten treffen Sie eine Zielvereinbarung mit sich selbst: Wie viele Dinge von Ihrer Liste möchten Sie in einer Woche tun? Je mehr, desto besser. Es geht hier um Selbstfürsorge und Ressourcenstärkung. Sie tanken damit Kraft für die anstrengende Trauerarbeit.

Der Wald ist das Krankenhaus unsere Seele.

Hubert Maria Dietrich[40]

Kennen Sie den Begriff Waldbaden? Es geht dabei um einen bewussten Aufenthalt im Wald, der – wissenschaftlich nachgewiesen – viele positive Aspekte für uns Menschen hat. Mittlerweile ist das Waldbaden längst zu einem weltweiten Trend geworden, und auch in Deutschland kann man vielerorts an Waldbaden-Seminaren teilnehmen. Zum Glück braucht man dafür aber gar keine besondere Anleitung, und Sie können sich bereits mit ganz normalen Waldspaziergängen etwas Gutes tun. Noch effektiver wird es, wenn Sie sich Zeit nehmen und einfach mal den Wald mit allen Sinnen auf sich wirken lassen. Wann haben Sie zuletzt Zeit im Wald verbracht? Wie wäre es, wenn Sie sich für diese Woche das Waldbaden fest einplanen?

Schreiben Sie danach auf, wie es Ihnen im Wald ergangen ist und ob es ein Erlebnis war, das häufiger wiederholt werden sollte. Falls dem so ist, tragen Sie sich sofort einen neuen „Badetermin" in den Kalender ein.

Was ist Ihr absolutes Lieblingsessen? Gehen Sie gedanklich dafür ruhig in die Zeit vor Ihrem Verlust zurück. Stellen Sie sich möglichst bildhaft den Genussmoment beim Essen vor und schreiben Sie dann eine Art kleine Hommage auf Ihre Leibspeise. Versuchen Sie, möglichst viele Sinneseindrücke mit zu berücksichtigen. Wonach riecht Ihr Lieblingsessen? Wie sieht es aus? Wonach schmeckt es?

Vielleicht fragen Sie sich jetzt, was das Ganze mit Trauer zu tun hat. Auf den ersten Blick nichts – und doch viel, denn in Zeiten der Trauer fällt uns Genuss oft schwer. Aber tun wir wirklich der verstorbenen Person einen Gefallen, wenn wir noch nicht einmal die kleinen Dinge im Leben genießen können? Warum darf uns leckeres Essen nicht für einen kurzen Moment von der Trauer ablenken?

Wenn Ihnen das Genießen von was auch immer ein schlechtes Gewissen macht, schreiben Sie einen kurzen Dialog mit Ihrem geliebten Menschen auf. Stellen Sie ihn sich vor und fragen Sie ihn direkt, was er dazu sagt. Ich bin fest davon überzeugt, dass er sich nur das Beste für Sie wünscht.

Gibt es bestimmte Orte, an denen Sie besonders gerne waren oder die Ihnen guttun? Erstellen Sie eine Liste dieser Orte.

Suchen Sie sich nun einen Ort aus, der Sie besonders anspricht, und begeben sich auf eine Gedankenreise dorthin. Lehnen Sie sich zurück, schließen Sie die Augen, atmen Sie bewusst und tief, entspannen Sie sich. Dann lassen Sie den Ort möglichst genau vor Ihrem inneren Auge entstehen. Wie sieht er aus? Versuchen Sie, den Ort mit allen Sinnen wahrzunehmen. Was hören Sie dort? Riecht es nach irgendetwas? Spüren Sie vielleicht Sonne auf Ihrer Haut?

Genießen Sie Ihre kleine Auszeit, kosten Sie den Moment voll aus. Wenn Sie bereit sind, sich von dem Ort zu verabschieden – es ist kein Abschied für immer, Sie können ihn jederzeit wieder aufsuchen –, kommen Sie mit Ihrer Aufmerksamkeit zurück ins Hier und Jetzt.

Schreiben Sie direkt im Anschluss an diese Imagination einen Text darüber, wie Sie sich an Ihrem Ort gefühlt haben. Wenn Ihnen die Reise an Ihren Ort gutgetan hat, dann kommen Sie wieder dorthin, wann immer Ihnen danach ist.

Hoffnung

Nicht aufgeben trotz großer Dunkelheit,
sondern ein kleines Licht anzünden.
Nicht mit dem Schlimmsten rechnen,
sondern mit einem kleinen Wunder.
Den Kopf nicht hängen lassen,
sondern ihn an die Schulter guter Freunde lehnen.
Die Hände nicht in den Schoß legen,
sondern sie dem Glück entgegenhalten.
Sich trotz allem nicht verschließen,
sondern die Tür zum Herzen öffnen.

Jochen Mariss[41]

Ist Hoffnung für Sie eine Ressource? Blicken Sie auf lange Sicht trotz allem zuversichtlich in Ihre Zukunft? Oder ist Hoffnung für Sie momentan eher ein Reizwort, und Hoffnungstexte klingen wie Hohn in Ihren Ohren?

Schreiben Sie das Wort Hoffnung mittig auf eine Seite und malen Sie einen Kreis darum. Nun lassen Sie Assoziationswörter in sich aufsteigen. Schreiben Sie jedes davon irgendwo auf die Seite, umkreisen und verbinden Sie es dann über einen Strich mit der Hoffnung. Kommen Ihnen neue Wörter durch ein vorher geschriebenes in den Sinn, schreiben Sie sie auf und verbinden Sie sie mit dem zuerst gedachten Wort. So entsteht ein Bild mit Assoziationsketten, quasi ein Gedankennetz oder Cluster.

Wenn Ihnen nichts mehr an neuen Wörtern einfällt, schauen Sie sich Ihr Bild genauer an und lesen alle Stichworte. Schreiben Sie direkt im Anschluss einen zusammenhängenden Text zum Thema Hoffnung. Er muss nicht alle Gedanken aus Ihrem Bild aufgreifen – folgen Sie den Gedanken, die Sie gerade am meisten ansprechen.

Durch den Tod Ihres geliebten Menschen ist sicher vieles ins Wanken geraten, z. B. Ihr Familiensystem. Die Auswirkungen, die der Tod eines Familienmitglieds hat, kann man sehr anschaulich anhand eines Mobiles darstellen, an dem mehrere Dinge an Fäden befestigt von einer oder mehreren Stangen hängen. Das Mobile befindet sich in Waage. Jedes Teil hat seine Position und keines kommt dem anderen zu nahe. Wird aber ein Teil weggenommen, ist nichts mehr ausgeglichen, sondern das ganze System gerät sofort in absolute Schieflage. Nun müssen für die übrigen Teile neue Positionen gefunden werden, damit eine neue Stabilität möglich wird.

Bei so vielen neuen Herausforderungen, die der Tod einer nahestehenden Person mit sich bringt, ist es gut, den Blick auch mal dahin zu lenken, was trotz allem im Leben noch stabil ist und Sicherheit und Halt gibt. Das ist bei jedem Menschen sehr individuell. Darunter könnten Punkte fallen wie die eigene Gesundheit, finanzielle Sicherheit, das soziale Netz, die Berufstätigkeit, der Glaube, ein geregelter Tagesablauf.

Listen Sie alles auf, was Ihnen zu Halt und Sicherheit in Ihrem Leben einfällt. Anschließend können Sie eine kurze Zusammenfassung schreiben, die beispielsweise mit „Es ist gut, dass ..." beginnt.

In der Trauer ist es normal, dass wir auch die vielen kleinen, guten Dinge des Lebens erst einmal nicht mehr richtig wertschätzen können. Wir nehmen sie durch den Schmerz gar nicht wirklich wahr. Sie sind aber da, und wenn wir sie uns bewusst machen, helfen sie uns, nicht völlig zu verzweifeln.

Unabhängig von Trauer findet man an vielen Stellen die Empfehlung zum Führen eines Dankbarkeitstagebuchs. Darin notiert man Dinge, für die man an dem jeweiligen Tag dankbar ist. Das kann alles Mögliche sein, auch und vor allem Kleinigkeiten und (scheinbar) Alltägliches, z. B. ein nettes Gespräch, eine interessanter Radiobeitrag, die Sonnenblumen im Garten, die Tatsache, an den Regenschirm gedacht zu haben, der Füller, der Sie schon so lange begleitet, das frische Trinkwasser aus dem Hahn – sehen Sie sich um, Sie werden sofort etwas finden, wofür Sie dankbar sein können.

Legen Sie ein Dankbarkeitstagebuch an. Notieren Sie jeden Abend drei Dinge, für die Sie an diesem Tag dankbar sind. Alternativ können Sie auch Zettel beschriften und in einem schönen Glas oder anderen Behälter sammeln. Probieren Sie es doch einfach mal die nächsten sieben Tage aus und schauen Sie dann, ob Sie es länger beibehalten möchten.

Kennen Sie kurze Kraft- oder Trostsätze, die Sie besonders ansprechen? Das können Sprüche aus Büchern oder dem Internet, Affirmationen oder auch Bibelverse sein. Manch einen unterstützt es, solch einen Text immer bei sich zu tragen oder ihm zu Hause mehrfach am Tag zu begegnen, da er dort z. B. am Spiegel befestigt wurde. Im Folgenden finden Sie eine kleine Auswahl:

Affirmationen, Kraft- und Trostsätze

Meine Trauer darf sein.
Ich halte durch, denn es kommen auch wieder besser Tage!
Egal wo ich bin, du bist bei mir!
Ich trage dich in meinem Herzen.
Du bist nicht fort, du bist nur vorausgegangen.
Gott lässt mich nicht allein.
Ich lebe für dich weiter.
Egal wie schwer es ist, ich schaffe auch diesen Tag!
Ich kann nie tiefer fallen als in Gottes Hand.
Auch wenn ich dich nicht sehe, so bist du doch immer da.
Engel begleiten mich durch meine Trauer.
Es geht immer irgendwie weiter.
Ich bin nicht allein.
Wir werden uns eines Tages wiedersehen!

Suchen Sie sich aus dieser Auswahl Ihren Lieblingssatz und übertragen Sie ihn in Ihr Heft. Erklären Sie kurz, warum Sie ihn mögen. Wenn Ihnen gar kein Satz zusagt, schreiben Sie darüber, was Sie an solchen Texten stört.

Nun geht es darum, Ihren ganz eigenen Satz zu entwickeln. Wählen Sie zwischen diesen beiden Fragen: Was gibt mir die Kraft, jeden Morgen aufzustehen? Was tröstet mich?

Schreiben Sie die gewählte Frage mittig auf eine Seite in Ihr Heft. Was kommt Ihnen als Antwort in den Sinn? Halten Sie alles in einzelnen Stichpunkten irgendwo auf der Seite fest. Lassen Sie sich dabei ruhig Zeit. Diese beiden Fragen sind nicht leicht zu beantworten, und vielleicht fällt Ihnen erst einmal nur wenig dazu ein.

Schauen Sie sich jetzt Ihre Punkte noch einmal an. Inspiriert Sie irgendetwas davon zu einem ganz eigenen Trost-, Kraft- oder Mut-Satz? Wenn ja, schreiben Sie ihn dreimal in Ihr Heft und lesen ihn danach laut vor. Fühlt er sich gut und stimmig an? Wenn nicht, verändern Sie ihn, bis er passt.

Möchten Sie etwas mit Ihrem Satz machen? Sie können ihn sich schön gestaltet irgendwo hinhängen oder -legen, sodass er Ihnen mehrfach am Tag begegnet.

AUF EINEN BLICK – RESSOURCEN NUTZEN

Schreiben Sie doch mal …

- einen Notfallzettel
- eine Liste mit Dingen, die Ihnen guttun oder guttaten
- über Ihre Erfahrung mit dem Waldbaden
- eine Hommage auf Ihr Lieblingsessen
- einen Dialog mit Ihrem Verstorbenen über Genussmomente
- eine Liste mit Ihren besonderen Orten
- über Ihre Erfahrung mit der Fantasiereise zum besonderen Ort
- ein Gedankennetz über Hoffnung
- über alles, was Ihnen Halt und Sicherheit gibt
- jeden Tag drei Dinge auf, für die Sie dankbar sind
- über einen Affirmations-, Kraft- oder Trostsatz
- ein Gedankennetz zu der Frage, was Ihnen Kraft oder Trost gibt, und einen ganz eigenen Trost-, Kraft- oder Mutsatz

Das soziale Umfeld

Das soziale Umfeld kann für trauernde Menschen eine große Unterstützung sein. Leider hat nicht jeder das Glück, verständnis- und liebevolle Menschen um sich zu haben.

Erschwerend kommt hinzu, dass sich viele, die Trauer nach einem schweren Verlust noch nicht selbst erleben mussten, schlichtweg nicht in Trauernde hineinversetzen können. Sie sagen dann zum Beispiel Dinge, die eigentlich trösten sollen, die den Trauernden aber stattdessen sehr verletzen können. Ich nenne diese nicht hilfreichen, typischen Phrasen Trauerfloskeln. Leider brennen sich bei manchen Trauernden diese verletzenden Sätze regelrecht ins Gedächtnis ein, und es kann sein, dass daran sogar Freundschaften zerbrechen.

Haben Sie schon Sätze gehört, die Sie verletzt haben? Wenn ja, können Sie sich vorstellen, was der oder die andere eigentlich ausdrücken wollte? Schreiben Sie Ihre Gedanken dazu auf.

Oft sind wir in der Situation, in der ein solcher Satz fällt, erst einmal perplex und uns fällt auf die Schnelle keine passende Erwiderung ein. Daher kann es Sinn machen, sich auf gängige Phrasen vorzubereiten. So bekommt man einen gewissen emotionalen Abstand und kann gelassener reagieren, wenn einem die Sätze oder Ratschläge später in Gesprächen wirklich begegnen.

Mithilfe vieler Facebook-Follower habe ich eine Top-Ten-Liste der schlimmsten Trauerfloskeln erstellt, auf der nur Sätze enthalten sind, die tatsächlich immer wieder zu hören sind.

Schauen Sie sich die „Top Ten"-Floskeln auf der nächsten Seite in Ruhe an. Kommen Ihnen passende Antworten in den Sinn? Wenn ja, schreiben Sie sie auf.

Eine mittlerweile beliebte Antwort vieler Trauender auf die Frage „Bist du etwa immer noch traurig?“ ist: „Ja, denn er/sie ist immer noch tot.“

Top-Ten-Liste der schlimmsten Trauerfloskeln

1	**„Die Zukunft wird besser"-Floskeln** z. B.: Das Leben geht weiter. Die Zeit heilt alle Wunden. Alles wird wieder gut.
2	**„Du bist noch jung"-Sätze** z. B.: Du bist noch jung ... und kannst noch andere Kinder bekommen/und findest einen neuen Partner.
3	**„Sei nicht traurig"-Sprüche** z. B.: Er/Sie hätte nicht gewollt, dass du traurig bist. Er/Sie ist für immer in deinem Herzen. Er/Sie ist jetzt bei Gott.
4	**„Du hast ja noch ..."-Hinweise** z. B.: Du hast ja noch ... andere Kinder/deinen Partner/ deine Freunde/deinen Hund.
5	**„Tu dies, mach jenes"-Ratschläge** z. B.: Schaff dir ein Haustier an! Such dir ein Ehrenamt! Geh mal zum Psychologen!
6	**„Es ist besser so"-Floskeln** z. B.: Ihm/Ihr geht es jetzt besser. Das wäre ja kein Leben mehr gewesen. Sei froh, dass er/sie tot ist und nicht ... behindert/ein Pflegefall.
7	**„Du musst"- oder „Du darfst nicht"-Aufforderungen** z. B.: Du musst jetzt stark sein! Du musst nach vorne schauen! Du darfst dich jetzt nicht hängen lassen!
8	**„Es war so bestimmt"-Aussagen** z. B.: Der liebe Gott wollte es so. Du wusstest ja, dass er/sie stirbt. Das Schicksal hat es so gewollt.
9	**„Du bist so stark"-Äußerungen** z. B.: Ich bewundere dich für deine Stärke. Du bist so stark und schaffst das. Ich könnte das ja nicht aushalten.
10	**„Jetzt reicht's"-Sprüche** Trauerst du immer noch? Jetzt muss es aber auch mal gut sein. Es ist doch schon so lange her.

Vielleicht sind bestimmte Sätze für Sie überhaupt nicht schlimm. Wenn dem so ist, dann ist das prima für Sie! Nur weil viele Trauernde sich verletzt fühlen, heißt es nicht, dass es jeder so empfindet und schon gar nicht, dass es so sein sollte. Unsere Wahrnehmung ist etwas ganz Individuelles und von vielen verschiedenen Faktoren abhängig. Oft kommt es auch auf die jeweilige Situation an. Es macht einen großen Unterschied, wer was wann wie sagt. Und es spielt eine Rolle, wie oft man bestimmte Sätze schon hören musste. Das zeigt sich beispielsweise deutlich bei dem Satz „Du musst jetzt stark sein!“. Viele Menschen geben an, dass er sie am Anfang nicht wirklich störte, sie aber immer mehr triggerte, je häufiger er ihnen begegnete.

Wie geht es Ihnen mit der Aussage „Du musst jetzt stark sein“? Empfinden Sie den Satz als Anteilnahme? Oder möchten Sie am liebsten erwidern, dass Sie gar nichts müssen? Oder dass Ihre Kräfte längst aufgebraucht sind und Sie lieber die Erlaubnis hören würden, sich auch mal schwach fühlen zu dürfen? Was denken Sie über folgende Zeilen?

Stark sein

Ich soll stark sein … warum?
Ich soll stark sein, wenn ich mich auch schwach fühle.
Ich soll stark sein für euch, damit ihr meine Tränen
nicht seht.
Ich soll stark sein, damit ihr euch gut fühlen könnt.
Ich soll stark sein, damit ihr euch nicht fürchten müsst
vor meinen Gefühlen.
Ich soll stark sein, damit ihr fröhlich sein könnt.
Ich soll stark sein, damit ihr nicht die Straßenseite
wechseln müsst.
Ich soll stark sein, damit ihr mich ansehen könnt.
Ich soll stark sein, für euch,
die ihr mich nicht schwach sehen wollt …

Unbekannt

Führen Sie einen fiktiven Dialog. Stellen Sie sich vor, es hat (mal wieder) jemand zu Ihnen gesagt: „Du musst jetzt stark sein!" Schreiben Sie auf, was Sie gerne antworten würden.

Gibt es in Ihrem sozialen Umfeld Menschen, deren Verhalten Sie enttäuscht oder verletzt hat? Hat sich beispielsweise jemand überhaupt nicht gemeldet, von dem Sie Anteilnahme erwartet hätten? Oder gab es vollmundige Versprechungen und Unterstützungsangebote, die nicht eingehalten wurden?

Versuchen Sie, sich ein bisschen von Ihrem Frust von der Seele zu schreiben. Wenn Sie mögen, können Sie der betreffenden Person auch einen Brief schreiben. In den meisten Fällen wird es besser sein, wenn Sie diesen Brief nur für sich schreiben, also ohne die Absicht, ihn wirklich abzuschicken.

Ich glaube, dass viele Probleme daraus resultieren, dass in unserer Gesellschaft zu wenig über Trauer bekannt ist. Trauer ist zwar kein echtes Tabuthema, aber es wird auch nicht wirklich viel darüber gesprochen. Trauernde Menschen haben schnell das Gefühl, dass ihr Umfeld nicht mit dem Thema konfrontiert werden möchte, und ziehen sich daher von sich aus zurück. Das ist sehr schade, denn vielleicht wäre es besser, wenn sich Trauernde selbstbewusst den anderen zumuten würden. Wie soll eine Gesellschaft lernen, besser mit Trauernden umzugehen, wenn es kaum Berührungspunkte gibt? Oder konkreter: Wie soll jemand lernen, dass Floskeln verletzen, wenn es ihm niemand sagt?

Die Unsicherheit, die viele Menschen im Umgang mit Trauernden verspüren, resultiert aus fehlendem Wissen und Erfahrungswerten. Manche meiden aus Angst, etwas Falsches zu sagen oder zu tun, den Umgang mit Trauernden. Andere nutzen bei Kontakten ihnen bekannte Phrasen, weil sie nicht wissen, was sie sonst sagen können. Wirklich böse meint es kaum jemand, auch wenn es für Trauernde vielleicht den Anschein hat. Es ist auch nicht so, dass Ihr Schicksal niemanden berührt, es können nur leider wenig Menschen Anteilnahme gut zum Ausdruck bringen.

Mich beschäftigt das Thema schon länger, daher stelle ich seit einiger Zeit unter dem Hashtag #Trauerwissen Sätze ins Netz, die Wissen über Trauer vermitteln sollen. Zu meinen Lieblingssätzen gehören: „Wenn du nicht weißt, was du einem Trauernden sagen sollst, dann sag ihm genau das“, „Trauer dauert viel länger, als allgemein angenommen. Nichts muss nach einem Jahr wieder gut sein“, „Trauernde müssen ihren Verstorbenen nicht loslassen!“

Wenn es möglich wäre, welches Trauerwissen würden Sie am liebsten ganz schnell der Gesellschaft vermitteln? Versuchen Sie, Ihre Punkte in prägnante, kurze Sätze zu fassen.

Noch eines sollten Sie im Hinterkopf behalten, wenn Sie sich durch Ihr Umfeld verletzt fühlen: Es ist wirklich gar nicht leicht zu wissen, was ein trauernder Mensch möchte, wenn dieser es nicht klar äußert.

Trauer ist etwas völlig Individuelles und es gibt kein Schema F, mit dem man immer richtig liegt. Der eine möchte beispielsweise oft angerufen werden, die andere empfindet es als Störung. Die Frage „Wie geht es dir?“ wird von vielen Trauernden als unpassend empfunden. Fragt jedoch niemand, ist es auch falsch. Was ich damit sagen möchte: Das Umfeld hat es auch nicht leicht. Das sollten wir nicht völlig vergessen und vorschnell urteilen.

Wenn Sie Ihrem Umfeld helfen möchten, klassische Fehler im Umgang mit Trauernden zu vermeiden, können Sie dafür folgenden Spickzettel nutzen, den Sie auf meiner Webseite www.iris-willecke.de auch zum Herunterladen finden.

Spickzettel für den Umgang mit Trauernden

- Weniger reden – mehr zuhören!
- Den Verlust nie kleinreden und nicht mit anderen vergleichen
- Geduld haben
- Da-sein und mit-aushalten
- Ich darf über den Verstorbenen reden
- Praktisch Hilfe anbieten – aber nur, was ich auch leisten kann
- Floskeln trösten nicht!
- Schuld nicht hartnäckig ausreden
- Launen aushalten, nichts persönlich nehmen
- Es ist okay, wenn ich unsicher bin, ich das auch sage
- Stille aushalten, weinen auch
- Den anderen niemals aushorchen
- Trauernde haben einen Menschen verloren, nicht den Verstand!
- Ratschläge sind auch Schläge
- ICH sollte mich regelmäßig melden

Wer eine Maske trägt, kann nicht erwarten,
dass man seine Tränen sieht.

Unbekannt

Trauernde Menschen tragen oft „Masken“ und zeigen sich nach außen anders, als es ihrem inneren Empfinden entspricht. Dafür gibt es viele verschiedene und durchaus gute Gründe, z. B. den Selbstschutz. Oft möchte man als Trauernder auch nicht auffallen oder spürt einen gewissen Druck, Erwartungen anderer erfüllen zu müssen.

Meine beiden Gesichter

Geht es dir gut,
werde ich gefragt
im Vorübergehen.
Doch, gut, sage ich
und zeige
das passende Gesicht:
Mein gutgehendes Gesicht.

Mein anderes Gesicht
verberge ich liebevoll
unter meiner Kleidung.
Zuhause ziehe ich
mich aus.
Dann darf es
seine Trauer tragen.

Renate Salzbrenner[42]

Es spricht nichts dagegen, je nach Situation auch mal unwahre Antworten zu geben oder anderen etwas vorzutäuschen. Die eigene Traurigkeit oder Verzweiflung anzusprechen, passt nicht immer, und man muss sich definitiv nicht jeder Person gegenüber offenbaren.

Tragen Sie manchmal Masken? Wenn ja, in welchen Situationen und warum? Suchen Sie sich eine Situation aus und spielen gedanklich durch, was ohne Maske anders gelaufen wäre.

Schreiben Sie darüber, was Ihnen zum Thema Masken einfällt. Sie können auch das serielle Schreiben nutzen, indem Sie, möglichst ohne lange nachzudenken, mindestens drei Sätze bilden, die mit „Meine Masken …" beginnen.

Ich persönlich halte es allerdings für ausgesprochen wichtig, dass jeder Trauernde mindestens einen Menschen hat, bei dem er oder sie zu jeder Zeit ganz authentisch und ehrlich sein kann. Ich bin überzeugt davon, dass wir alle in der Trauer jemanden brauchen, dem wir nichts vorspielen müssen, der uns so nimmt, wie wir wirklich sind, und der uns mit all unserem Leid erträgt. Wenn es niemandem in Ihrem Umfeld gibt, kann diesen Part auch eine Trauerbegleiterin, ein Seelsorger oder eine Therapeutin übernehmen.

Wünschen Sie sich manchmal, dass Ihr Umfeld anders mit Ihnen umgehen würde? Wenn ja, schreiben Sie eine Liste mit Bitten oder Wünschen an Ihre Mitmenschen.

Die Trauertherapeutin Diana Mirtschink hat in ihrem Buch „Dieser Schmerz zerreißt mir fast das Herz“ eine solche Bitte verfasst. Hier ihr Anfang:

Die Bitten eines Trauernden

Redet meine Nöte nicht weg
Hört mir zu, auch wenn ich mich wiederhole
Stützt mich
Habt Geduld mit mir
Haltet mich aus
Bringt Verständnis auf
Seid sprachlos mit mir, wo es keine Worte gibt
Gebt mir Zeit
Nehmt die tiefe Verletzung in mir wahr ...

Diana Mirtschink[43]

Marie-Luise Wölfing hat nach dem Tod ihres Sohnes folgende Zeilen verfasst:

Segen der Trauernden

Gesegnet seien alle,
die mir jetzt nicht ausweichen.
Dankbar bin ich für jeden,
der mir einmal zulächelt
und mir seine Hand reicht,
wenn ich mich verlassen fühle.

Gesegnet seien die,
die mich immer noch besuchen,
obwohl sie Angst haben,
etwas Falsches zu sagen.

Gesegnet seien alle,
die mir erlauben
von dem Verstorbenen zu sprechen.
Ich möchte meine Erinnerungen
nicht totschweigen.
Ich suche Menschen,
denen ich mitteilen kann,
was mich bewegt.

Gesegnet seien alle,
die mir zuhören,
auch wenn das,
was ich zu sagen habe,
sehr schwer zu ertragen ist.

Gesegnet seien alle,
die mich nicht ändern wollen,
sondern geduldig so annehmen,
wie ich jetzt bin.

Gesegnet seien alle,
die mich trösten
und mir zusichern,
dass Gott mich nicht verlassen hat …

Marie-Luise Wölfing[44]

Wie sieht es mit ganz konkreten Hilfestellungen aus? Fehlt Ihnen die Energie, manche Notwendigkeiten anzugehen? Oder gibt es Aufgaben, die Sie alleine gar nicht lösen können? Bei welchen Problemen würden Sie konkrete Hilfe annehmen? Und wen könnten Sie um Hilfe bitten?

Wenn Sie jemanden wissen, der Ihnen helfen könnte, formulieren Sie in Ihrem Heft einen Text, mit dem Sie die Person bitten könnten.

Gibt es vielleicht auch positive Überraschungen, Ihr soziales Netz betreffend? Wer war besonders bemüht, wer hat Ihnen schon wobei geholfen? Was hat Ihnen gutgetan? Schreiben Sie ein paar nette Zeilen als Dank direkt an die betreffende Person gerichtet.

Nun ist es Zeit für eine Bestandsaufnahme Ihres sozialen Umfelds. Am besten nehmen Sie dazu ein großes Blatt quer oder Sie nutzen eine Doppelseite in Ihrem Schreibheft.

Schreiben Sie das Wort „Ich" in die Mitte und machen Sie einen Kreis darum. Nun schreiben Sie an beliebiger Stelle die Namen aller lebenden Menschen auf, die Ihnen wichtig sind. Danach kommen die Menschen, mit denen Sie sich gut verstehen, auch wenn diese keine größere Rolle in Ihrem Leben spielen. Das können z. B. Bekannte, Nachbarn, Arbeitskolleginnen sein. Denken Sie auch an Personen, mit denen Sie vielleicht schon mehrere Jahre keinen Kontakt mehr hatten, etwa Freunde aus Kindheit und Jugend.

Wenn Ihnen keine weiteren Personen mehr einfallen, schauen Sie sich die Sammlung an. Überlegen Sie bei jedem Namen, ob Sie sich zu der Person einen engeren Kontakt wünschen und wenn ja, was Sie dazu beitragen könnten. Machen Sie sich entsprechende Stichpunkte hinter dem Namen.

In der Trauer ist es ganz normal, dass sich bestehende Freundschaften verändern oder auflösen und dafür neue hinzukommen können.

Wenn Sie nach der Bestandsaufnahme das Gefühl haben, dass Ihr soziales Netz relativ klein ist und es kaum Menschen gibt, denen Sie sich verbunden fühlen, dann überlegen Sie, wie und wo Sie ganz neue Leute kennenlernen könnten.

Nutzen Sie dafür das Brainstorming. Am besten suchen Sie fürs Erste generell nach Möglichkeiten, wie und wo Menschen andere Menschen kennenlernen können, also ganz allgemein und unabhängig von Ihnen. Sammeln Sie ganz viele unterschiedliche Gedanken stichwortartig. Wichtig ist, erst einmal alles festzuhalten, was Ihnen in den Sinn kommt, ohne Bewertungen vorzunehmen oder weiter darüber nachzudenken. Es dürfen auch ganz verrückte Ideen sein.

Wenn Ihnen nichts mehr einfällt, machen Sie eine Pause. In einem zweiten Schritt schauen Sie sich alle Stichpunkte in Ruhe an und überprüfen jede Idee, ob sie auch für Sie ein Weg sein könnte. Markieren Sie sich Stichpunkte, die Ihnen umsetzbar erscheinen.

Denken Sie an die Erkenntnisse aus Ihrer Bestandsaufnahme und der Brainstorming-Übung, wenn Sie sich das nächste Mal einsam fühlen. Wer Einsamkeit überwinden möchte, muss aktiv werden. Von allein ändert sich in der Regel leider nichts.

Falls Sie von der Angst vor möglicher Ablehnung ausgebremst werden, machen Sie sich bewusst, dass Sie ein toller, liebenswerter Mensch sind und dass es weit schlimmere Katastrophen gibt als eine Ablehnung, die sehr wahrscheinlich gar nicht erfolgen wird!

AUF EINEN BLICK – DAS SOZIALE UMFELD

Schreiben Sie doch mal …

- über verletzende Aussagen
- mögliche Antworten auf gängige Trauerfloskeln
- eine Antwort auf „Du musst jetzt stark sein!"
- über Enttäuschungen
- kurze Sätze, die Trauerwissen vermitteln
- über Ihre Masken
- eine Liste mit Ihren Bitten und Wünschen an andere
- eine konkrete Bitte um Unterstützung an eine Person
- ein paar Zeilen, mit denen Sie sich bedanken
- eine Bestandsaufnahme Ihres sozialen Umfelds
- Ideen auf, wie Sie neue Menschen kennenlernen könnten

Erinnerungen bewahren

Am Anfang tun uns Erinnerungen oft sehr weh, weil wir jedes Mal durch sie auch wieder daran erinnert werden, was uns nun fehlt. Mit der Zeit werden sie aber zu einem wahren Schatz, den es zu bewahren gilt.

Im Garten der Erinnerung

Im Garten der Erinnerung
seht ihr die schönsten Farben,
von Blumen, die auf Gräbern steh'n
bei Menschen, die schon starben.
Im Garten der Erinnerung
hört ihr die Sehnsuchtsmelodie
nach Menschen, die zu uns gehörten,
vergessen werden wir sie nie.
Im Garten der Erinnerung
macht Hoffnung sich und Freude breit,
mit Dankbarkeit und tiefer Liebe,
für immer und in Ewigkeit.

Marion Löffler[45]

Erinnerungen stellen eine Verbindung zu dem Verstorbenen her. Jedes Mal, wenn wir uns an den geliebten Menschen erinnern, halten wir ihn dadurch in uns lebendig und geben ihm einen Platz in unserem Leben.

Erinnerung ist eine Form der Begegnung.

Khalil Gibran[46]

Viele Trauernde haben Sorge, dass Sie nach und nach vieles vergessen. Dagegen kann man zum Glück aktiv etwas tun, nämlich das Sichern in Form von Aufschreiben. Es muss nicht gleich eine komplette Biografie des Verstorbenen entstehen, Sie können sich auch besondere Begebenheiten, die Sie nie vergessen möchten, durch Notizen für immer bewahren.

Einige Trauernde fragen andere Personen, die den verstorbenen Menschen kannten, nach deren Erinnerungen. Oft erfahren sie dabei völlig neue Dinge. Sie können andere auch bitten, Ihnen etwas schriftlich zu geben, wenn Sie sich beispielsweise so etwas wie einen Erinnerungsordner anlegen möchten.

In meinen Trauergruppen stellen alle Teilnehmenden einmal ausführlich ihre verstorbene Person vor. Die Hausaufgabe vor dem Treffen besteht darin, sich darauf vorzubereiten und eben diese Vorstellung, wie auch immer man es möchte, zu planen. Ich finde es immer wieder faszinierend, wie unterschiedlich die Trauernden damit umgehen. Eine Frau hatte großen Respekt vor der Aufgabe und setzte sie sich sofort am selben Abend hin und verfasste einen Text über ihre verstorbene Mutter. Sie erzählte uns am nächsten Gruppenabend, dass sie viele Seiten am Stück unter Tränen geschrieben habe und es ihr danach richtig gut gegangen sei. Diesen Text las sie vor, nutzte ihn aber auch, um mit anderen Familienmitgliedern ins Gespräch über die Mutter zu kommen. Und da der Text so schön geworden war, ließ sie ihn vervielfältigen und binden und verteilte ihn innerhalb der Familie.

> *Erinnerungen sind kleine Sterne, die tröstend in das Dunkel unserer Trauer leuchten.*
>
> Irmgard Erath[47]

Schreiben Sie Ihre Erinnerungen an die geliebte Person auf. Einzelne Erinnerungen können auch gut in Stichpunkten auf kleine Zettel oder bunte Pappherzen geschrieben und in einem schönen Glas gesammelt werden. Ich mag auch gerne sogenannte Lucky Stars, das sind kleine, aus Papierstreifen gefaltete Sterne. Anleitungen dazu finden Sie im Internet. Wenn Sie die Streifen vorher beschriften, werden daraus ganz besondere Erinnerungssterne.

Für das Sammeln von Erinnerungen eignet sich auch sehr gut das serielle Schreiben, bei dem man immer wieder denselben Satzanfang nutzt. Er könnte z. B. „Ich erinnere mich, wie du ..." oder „Ich möchte nie vergessen, wie du ..." lauten.

Schreiben Sie den Namen des Verstorbenen auf und suchen dann zu jedem Buchstaben des Namens ein passendes Wort, das Ihnen zu dem verstorbenen Menschen einfällt.
Ein Beispiel: Peter Vogel: Pizzaliebhaber, ehrlich, treu, Eisenbahnfreund, reiselustig, verantwortungsbewusst, Optimist, gesellig, einmalig, lustig

Konkrete Fragen und Themenvorgaben fördern auch Erinnerungen zutage, die uns ansonsten gar nicht so präsent gewesen wären. Diese wiederum führen häufig zu weiteren. Probieren Sie es einfach aus und spielen Sie für sich „Stadt, Land, Fluss" mit beliebigen Buchstaben des Alphabets. Suchen Sie dabei nach Orten, an denen der Verstorbene war, Dingen, die er gerne getan hat, Gegenständen aus seinem Besitz, Lebensmitteln und Speisen, die er mochte, Menschen, die er kannte ...

Erinnern Sie sich an Freundschaftsbücher aus der Schulzeit? Darin sollte man über sich selber ein paar vorgegebene Fragen beantworten. Abgefragt wurden Punkte wie Lieblingsessen, -musik, -farbe, -tier, Dinge, die einem wichtig sind und solche, die man nicht ausstehen kann, Spitznamen, Freunde, Berufswunsch und so weiter. Erstellen Sie sich eine solche Liste oder drucken Sie sich etwas Entsprechendes aus dem Internet aus. Danach überlegen Sie, welche Antworten die verstorbene Person gegeben hätte, und tragen diese ein.

Hatte Ihr geliebter Mensch ein Lebensmotto? Formulieren Sie einen Satz, der Ihrer Meinung nach passen könnte.

Jetzt wird es kreativ. Suchen Sie nach seltsamen Vergleichen. Wenn die verstorbene Person eine Blume gewesen wäre, wäre sie was für eine Sorte gewesen? Was für ein Tier? Welche Farbe? Welche Automarke, was für ein Baum? Finden Sie Antworten auf diese und gern auch weitere Fragen und erklären Sie diese.

Am Anfang ist es normal, dass wir den Verstorbenen glorifizieren. Mit der Zeit aber sollte die Erinnerung wieder ein realistischeres Bild annehmen, denn ansonsten werden wir weder dem Verstorbenen gerecht noch den Lebenden. Jeder Mensch hat Ecken, Kanten und Macken. Sie gehören einfach dazu. Wenn ich es nicht besser wüsste, müsste ich nach all den Gesprächen mit Hinterbliebenen und Zugehörigen davon ausgehen, dass nur die absolut liebsten, tollsten, perfektesten Menschen sterben.

„Man darf über Verstorbene nicht schlecht reden" – dieser Satz scheint bei vielen tief verwurzelt. Sicherlich hat er auch etwas damit zu tun, warum es den meisten so schwerfällt, über unliebsame Eigenschaften von Verstorbenen zu sprechen oder auch nur an sie zu denken.

Überwinden Sie sich und schreiben Sie auf, was Sie manches Mal am Verstorben genervt hat und was Sie nicht so toll an ihm fanden. Keine Sorge, Sie tun dem geliebten Menschen damit nicht weh, und Ihre Liebe wird dadurch nicht geschmälert.

Gab es eine Trauerrede für Ihren Verstorbenen?
Falls ja, gefiel sie Ihnen? Wurde Sie Ihrem geliebten Menschen gerecht? War alles Wichtige darin enthalten? Gab es einen Nachruf? Wenn Sie mögen, schreiben Sie eine passende Rede oder einen Nachruf.

Natürlich kann es auch sehr belastende Erinnerungen geben, die wir am liebsten vergessen möchten, aber nicht können. Manchmal drängen sich schreckliche Bilder immer wieder ins Bewusstsein und überdecken alle anderen Erinnerungen. Das ist oft nach traumatischen Erlebnissen der Fall, die zu einer sogenannten posttraumatischen Belastungsstörung führen können. Mehr Informationen dazu finden Sie z. B. auf der Webseite der Deutschsprachigen Gesellschaft für Psychotraumatologie e. V., www.degpt.de. Falls Sie die Vermutung haben, es könnte bei Ihnen eine posttraumatische Belastungsstörung vorliegen, lassen Sie sich bitte durch einen Therapeuten beraten! Es gibt viele unterschiedliche Methoden, die Ihnen schnell helfen können. Erinnerungen an traumatische Erlebnisse sollten auf keinen Fall auf Dauer Ihr weiteres Leben negativ beeinflussen.

An vielen Stellen findet man Empfehlungen zum sogenannten expressiven Schreiben. Bei dieser Methode sollen belastende Situationen aus der Vergangenheit an mehreren Tagen hintereinander schriftlich erinnert werden. Ich möchte hier bewusst nicht näher darauf eingehen, da es für mich in den Bereich des therapeutischen Schreibens gehört und aus meiner Sicht nur gut vorbereitet und therapeutisch begleitet stattfinden sollte.

Wenn Sie dennoch den Wunsch verspüren, über sehr belastende Situationen zu schreiben, dann tun Sie es erst einmal nur aus einer distanzierten Perspektive. Schreiben Sie also nicht in der Ich-Erzählform, sondern in der dritten Person Singular, so, als wenn Sie als stiller Beobachter die Geschichte einer anderen Person schreiben.

AUF EINEN BLICK – ERINNERUNGEN BEWAHREN

Schreiben Sie doch mal …

- Ihre Erinnerungen an die verstorbene Person auf
- Sätze, die mit „Ich erinnere mich, wie du …" oder „Ich möchte nie vergessen, wie du …" anfangen
- Wörter auf, die den verstorbenen Menschen mit den Buchstaben seines Namens beschreiben
- „Stadt-Land-Fluss"-Runden mit Fragen zum Verstorbenen
- Freundschaftsbuchseiten
- das Lebensmotto des geliebten Menschen in einem Satz
- über seltsame Vergleiche
- über Macken und Marotten des Verstorbenen
- eine Trauerrede oder einen Nachruf

Sinn suchen und finden

Du suchst eine Antwort,
eine Antwort auf die Frage WARUM.
Du suchst überall,
du suchst den Sinn.
Warum musste mein geliebter Mensch gehen?
Warum kann er nicht mehr hier bei mir sein?
Warum ist er gestorben?
Nirgendwo kannst du die Antwort finden.
Du suchst eine Antwort,
eine Antwort auf die Frage WOZU.
Du suchst lange, lange Zeit,
du suchst einen Sinn.
Wozu soll ich jetzt weitergehen?
Wozu soll ich jetzt weiterleben?
Wozu bin ich nun da?
Du findest eine Antwort ...
irgendwann, auf deinem neuen Weg.

Unbekannt

Stellen Sie sich viele Warum-Fragen? Falls ja, kennen Sie wahrscheinlich auch Fragen im Sinne von „Warum musste mir/uns das passieren?“. Haben Sie sich auch schon mal gefragt, warum es gerade Ihnen nicht hätte passieren dürfen?

Wahrscheinlich gehen Ihnen noch viel mehr Fragen durch den Kopf. So geht es zumindest den meisten, die einen geliebten Menschen verloren haben. Nicht nur Warum-Fragen drängen sich immer wieder auf, sondern auch spirituelle und philosophische Fragen.

Schreiben Sie alle Fragen auf, die Sie bewegen. Im Anschluss schauen Sie sich alle Fragen noch einmal in Ruhe an und überlegen, welchen Bereich sie betreffen. Versuchen Sie, Ihre Fragen in Kategorien einzuordnen. Stellen Sie sich vor, Sie hätten eine Kommode mit mehreren Schubladen zum Sortieren. Geben Sie den Schubladen Namen und sortieren Sie die Fragen entsprechend ein.

Wenn Sie Ihre Fragen nicht alle noch einmal neu, nun aber sortiert aufschreiben möchten, können Sie stattdessen in der bestehenden Liste Markierungen setzen. Unterstreichen Sie z. B. alle Fragen einer Kategorie in einer Farbe und schreiben Sie den entsprechenden Schubladennamen in der gleichen Farbe unter Ihre Liste.

Lesen Sie noch einmal das Gedicht auf Seite 33. Welche Gedanken und Gefühle löst es in Ihnen aus? Als ich das Gedicht vor Jahren zum ersten Mal las, spürte ich sofort einen inneren Widerstand, denn es erinnerte mich an den Rat, ich solle doch den Tod meines Verlobten als Geschenk von ihm an mich ansehen. Dieser gut gemeinte Ratschlag war damals wie ein Schlag ins Gesicht, und ich konnte und wollte ihn nicht annehmen. Die Vorstellung, dass er für mich gestorben sein und genau das auch noch gut für mich sein sollte, war für mich grauenhaft. Sein Tod war doch das Schlimmste, was mir passieren konnte, und nun sollte ich davon plötzlich Vorteile haben und diese auch noch wertschätzen? Unmöglich.

Ich glaube aber, dass die Autorin des Gedichts andere Wozu-Fragen meint. Wir brauchen uns nicht zu fragen, wozu der Tod gut war, wenn uns diese Frage nicht gefällt, aber wir können uns fragen, wozu er irgendwann führen soll. Soll er dazu führen, dass wir verbittern und nie wieder glücklich werden? Oder ist es in Ordnung, wenn wir uns dadurch weiterentwickeln? Es liegt nicht am Schicksal, wohin unser Weg führt, es liegt an uns, welchen wir wählen. Welchen Weg möchten Sie einschlagen?

Wer sich ausführlicher mit Sinnfragen beschäftigt, kommt nicht an Viktor E. Frankl vorbei, dem Begründer der Logotherapie. Eines seiner bekanntesten Werke hat den Titel „... trotzdem Ja zum Leben sagen. Ein Psychologe erlebt das Konzentrationslager“. Laut Frankl ist die Überzeugung, dass das eigenen Leben einen Sinn hat, die größte Hilfe überhaupt, um auch die schwierigsten Zeiten und größten Notlagen zu überstehen. Für Frankl verliert das Leben unter keinen Umständen Sinn. Auch im größten Leiden kann Sinn gerade im Ertragen dieses Leidens gesehen werden. Viktor Frankl sagte auch, dass wir Menschen die vom Leben Befragten sind. Statt zu fragen, welchen Sinn das Leben für uns vorgesehen hat, sind wir es, die dem Leben Antworten zu geben haben.

Frankl zeigte drei Wege auf, wodurch Menschen zu einem Gefühl von Sinnhaftigkeit gelangen können. Er nannte sie schöpferische Werte, Erlebniswerte und Einstellungswerte.

Die ersten beiden sind schnell erklärt und leicht verständlich. Der Mensch kann Sinn darin finden, etwas zu erschaffen oder zu erleben, dazu gehört z. B. auch das Gefühl, geliebt zu werden. Bei den Einstellungswerten geht es um Werte und Haltungen zu Dingen oder Ereignissen. Als Erklärungen führte Frankl oft das Beispiel eines verzweifelten Witwers an. Dieser hatte erst durch Frankls Frage, was denn gewesen wäre, wenn er vor seiner Frau gestorben wäre, einen neuen Sinn in seinem Leben und Leiden entdecken können. Er hatte erkannt, dass seine Frau mit seinem Tod überhaupt nicht klargekommen wäre und ihr dieses Los erspart geblieben war. Plötzlich war es dem Mann möglich, quasi für sie das Schicksal des allein Zurückbleibenden etwas leichter zu tragen und in seinem Weiterleben und Leiden einen Sinn zu erkennen.

Erkennen Sie momentan einen Sinn in Ihrem Leben oder ist er Ihnen derzeit abhanden gekommen? Falls ja, schreiben Sie darüber. Falls nein, beschreiben Sie, wie es Ihnen genau damit geht.

Es ist in Ordnung, momentan keinen Sinn erkennen zu können und keinerlei Idee zu haben, welchen Sinn ihr Leben später wieder bekommen könnte. Wenn Sie sich in Ihrer Trauer weiterhin dem Leben zuwenden und sich selber die Chance geben, irgendwann wieder glücklich zu werden, dann wird es auch wieder einen Sinn geben.

Das Leben steckt voller Rätsel.
Fragen über Fragen.
Ungelöstes.
Mit den Fragen leben.
Mit dem schier Unlösbaren auch.
Widersprüche ertragen.
Geduld haben.
Denn plötzlich steckt das Leben
voller Antworten und Lösungen.
Du musst deine Fragen
nur lange genug leben,
um zu Antworten zu kommen.

Udo Hahn[48]

Sagt Ihnen die chinesische Legende von der Suche nach dem Senfkorn etwas? Es geht darin um eine verzweifelte Mutter, die in ihrer Trauer dazu kommt, andere zu unterstützen.

Eine Frau war über den Tod ihres Sohnes so bekümmert, dass sie sich keinen Rat mehr wusste. So ging sie zu einem heiligen Mann und fragte ihn: „Welche Gebete kennst du, um meinen Sohn wieder zum Leben zu erwecken?"
Er sagte zu ihr: „Bring mir ein Senfkorn aus einem Haus, das niemals Leid kennengelernt hat. Damit werden wir den Kummer aus deinem Leben vertreiben."
Die Frau machte sich auf die Suche nach dem besonderen Senfkorn. Sie kam an ein prächtiges Haus, klopfte und

brachte ihre Bitte vor: „Ich suche ein Haus, das niemals Leid erfahren hat, ist hier nicht der richtige Ort? Es ist sehr wichtig für mich!“
Aber die Bewohner des schönen Hauses erzählten all das Unglück, das sich gerade bei ihnen ereignet hatte. Die Frau dachte bei sich: „Wer kann diesen unglücklichen Menschen besser helfen als ich, die ich auch so tief in Not geraten bin!“
Sie blieb und tröstete. Dann suchte sie weiter ein Haus ohne Leid. Aber wohin sie sich auch wandte, kleine Hütten, riesige Paläste, überall begegnete ihr Leid. Schließlich beschäftigte sie sich nur noch mit dem Leid anderer Leute, so dass sie ganz die Suche nach dem Senfkorn vergaß, ohne dass ihr bewusst wurde, dass sie auf diese Weise tatsächlich den Schmerz aus ihrem Leben verbannt hatte.

Axel Kühner[49]

Sich sofort nur mit dem Leid anderer zu befassen, ohne der eigenen Trauer genügend Zeit, Raum und Ausdruck zu geben, ist natürlich keine gute Idee. Ich kenne aber eine ganze Reihe von Menschen, die für sich in schweren Zeiten einen neuen Lebenssinn in einer ehrenamtlichen Tätigkeit gefunden haben. Wäre das vielleicht auch etwas für Sie? Es gibt so viele ganz verschiedene Bereiche, in denen man sich engagieren und Gutes tun kann: als Hausaufgabenbetreuung, in Altersheimen, in der Flüchtlingshilfe, bei der Tafel ... Und wenn Sie nicht mit Menschen arbeiten möchten, können Sie sich beispielsweise für Tiere, den Umweltschutz, Kunst oder die Wissenschaften einsetzen.

Wer eine freiwillige Tätigkeit ausführt, tut nicht nur der Allgemeinheit etwas Gutes, sondern in der Regel immer auch sich selbst. Positive Nebeneffekte eines ehrenamtlichen Engagements gibt es viele. Man findet Ablenkung, lernt neue Menschen kennen, erweitert seinen Horizont, hat Struktur und eine Aufgabe und bekommt Anerkennung. Über Möglichkeiten, sich zu engagieren, informiert Sie beispielsweise die Webseite www.ehrenamt.bund.de des Bundesinnenministeriums.

Manche Trauernde setzen sich bewusst für Themen ein, die in Zusammenhang mit dem Verstorbenen oder seinem Tod stehen. Das kann in Form einer kleinen und einmaligen Aktion sein, es gibt aber auch viele Vereine, Organisationen und Stiftungen, die in Gedenken an geliebte Menschen entstanden sind.

Welche Themen sind Ihnen wichtig? In welchen Bereichen gibt es Ihrer Meinung nach viel zu tun? Wenn Sie könnten, wie Sie wollten, was würden Sie auf der Welt oder auch nur in Ihrem Umfeld zuerst verändern? Für was hat oder hätte sich Ihr geliebter Mensch eingesetzt? Schreiben Sie darüber.

Tod

Was wissen wir
die Trauernden am Ufer
vom Los der Losgelösten
von der Freiheit
der Befreiten
wir die Gebundenen
die Gefangenen
im Schmerz

Annemarie Schnitt[50]

Haben Sie für sich eine klare Antwort darauf, wo Ihr Verstorbener jetzt ist? In der Trauer können und dürfen sich unsere bisherigen Ansichten oder Überzeugungen grundlegend ändern, denn nun geht es nicht mehr nur um theoretische Fragen mit wenig Bezug zu uns selber. Es geht konkret um uns und unseren geliebten Menschen. Wenn Sie auch nur ein klitzekleines bisschen für sich die Hoffnung haben, dass mit dem Tod nicht alles vorbei ist, dann erlauben Sie sich bitte, diese Gedankengänge weiter auszubauen.

Nach dem Tod meines Verlobten habe ich mehrere Bücher über Nahtoderlebnisse regelrecht verschlungen. Ich wollte Beweise dafür, woran ich gerne glauben wollte, nämlich dass es ihn noch gibt und es somit auch irgendwann ein Wiedersehen geben wird. Etwas später kam die Beschäftigung mit Nachtodkontakten hinzu. Je mehr ich allerdings darüber erfuhr, desto verzweifelter wurde ich darüber, dass ich selber keine Zeichen entdecken konnte oder Näheerlebnisse spürte. Ich wollte sie doch so unbedingt! Aber genau darin lag wahrscheinlich das Problem. Heute, viele Jahre später, finde ich Zeichen und bin fest davon überzeugt, dass es nach dem Tod weitergeht.

„R.I.P." oder „Ruhe in Frieden" – nein, das wünsche ich keinem Verstorbenen, denn es passt so gar nicht zu der Vorstellung, die ich vom Leben nach dem Tod habe. Nach meinem Verständnis ruhen unsere Verstorbenen nicht, sondern sie tanzen, springen, lachen, genießen und erfreuen sich der vielen neuen Möglichkeiten …
Und wenn wir das wollen, begleiten sie uns und passen auf uns auf.
Sie sind Vorausgegangene, die uns irgendwann an einem Ort, wie wir ihn uns schöner nicht vorstellen können, liebevoll in Empfang nehmen werden.

Iris Willecke

Was kommt nach dem Tod? Wichtig: Schreiben Sie nicht darüber, was Sie meinen zu wissen oder glauben, sondern was Sie hoffen.

Fassen Sie doch mal die Antwort auf die Frage, was der Tod momentan für Sie ist, in einem sogenannten Akrostichon zusammen. Schreiben Sie dafür das Wort „Tod" vertikal in Großbuchstaben in Ihr Heft. Jetzt fassen Sie alles in drei Zeilen zusammen. Die erste beginnt mit dem Buchstaben T, die zweite mit O, die Dritte mit D. Ein Beispiel:
Transformation in ein neues Dasein
Ohne Schmerzen, ohne Leid
Dasein ohne Ende

Ich glaube, dass sich im Grunde jeder Trauernde wünscht, dass sein Verstorbener gut aufgehoben ist – wo auch immer das sein mag.

Schreiben Sie einen kurzen Brief, in dem Sie wen auch immer darum bitten, gut zu Ihrem Verstorbenen zu sein. Finden Sie einen für Sie passenden Adressaten. Sie können Ihren Brief z. B. mit „Lieber Gott", „Liebe höhere Macht", „Liebes Jenseits", „Liebe Natur", „Liebes Universum" ... beginnen.

AUF EINEN BLICK – SINN SUCHEN UND FINDEN

Schreiben Sie doch mal ...

- alle Fragen auf, auf die Sie Antworten suchen
- über den Sinn in Ihrem Leben
- über Aufgaben und Projekte, die Sie unterstützenswert finden
- darüber, was nach dem Tod hoffentlich kommt
- ein Akrostichon über den Tod
- einen spirituellen Brief

Verbundenheit spüren

So unerreichbar nah

Ich sehe dich
– mit meinem Herzen
– meine Augen können dich nicht sehen
Ich erinnere mich
– an deinen Geruch, an deine Laute
– meine Ohren können dich nicht hören
Ich spüre dich
– fühle deine Hand in meiner
– berühren kann ich dich nicht
Ich weiß, dass du da bist
ganz nah bei mir
in mir – um mich herum
Du bist so unerreichbar nah

Tanja Zeiser[51]

Viele Trauernde erzählen mir, dass sie einen Abschiedsbrief an ihren Verstorbenen geschrieben haben, der mit in den Sarg gegeben oder direkt mit beigesetzt wurde. Kaum jemand denkt aber daran, dass es nicht bei diesem einen Brief bleiben muss.

Wir dürfen so viele Briefe, Karten oder was auch immer an unsere Verstorbenen schreiben, wie wir möchten. Es gibt nicht nur den einen Abschiedsbrief! Wenn wir es wollen, können wir Hunderte schreiben. Und dazu noch Wutbriefe, Liebesbriefe, Entschuldigungsbriefe, oder wie wäre es mal mit einem reinen Dankesbrief?

Ihnen fällt sicher eine ganze Menge ein, wofür Sie dem geliebten Menschen dankbar sind. Wäre es nicht schön, ihm das alles einmal mitzuteilen?

Danke

Danke – wie oft habe ich zu Lebzeiten
dir dieses Wort gesagt,
manchmal ganz bewusst,
manchmal eher nebenbei,
manchmal aus tiefer Überzeugung,
manchmal eher wie eine Floskel.

Danke –
noch einmal will ich dieses Wort jetzt sagen,
aber nun kommt es mir anders über die Lippen:
Danke für das, was war,
was möglich war mit dir,
was du mir geschenkt hast
an Liebe und Geduld,
an Verständnis, Treue, Lachen,
Aufmerksamkeit …
Danke, dass du ein Stück deines Lebens
mit mir geteilt hast.
Danke, dass wir ein Stück unseres Lebens
miteinander gehen durften.

Danke –
dieses Wort kommt jetzt
zutiefst aus meinem Herzen.

Alfons Gerhardt[52]

Briefe sind eine Form der Kommunikation. Wir richten uns direkt an den Menschen, der uns so fehlt, und pflegen und halten damit die Beziehung. Genau darum geht es in der Trauer. Ich konnte immer wieder die positiven Effekte des Briefschreibens erleben und lege diese Methode Trauernden gern ans Herz.

Manchmal werde ich gefragt, was denn mit den fertigen Briefen passieren soll. Ich persönlich glaube, dass es nicht auf die Übermittlung ankommt, sondern dass der Verstorbene schon direkt beim Schreiben alles mitbekommt. Daher kann so ein Brief nach meinem Verständnis auch in einem Heft stehen oder in der Schublade liegen, aber Sie können sich natürlich auch Ihren ganz eigenen Übermittlungsweg aussuchen. Es gibt ganz viele Möglichkeiten, z. B. eine Flaschenpost, das Verbrennen, das Anhängen an einen Luftballon, das Vergraben, Zum-Papierboot-Falten und Schwimmenlassen und vieles mehr.

Fällt Ihnen jetzt spontan etwas ein, was Sie Ihrem geliebten Menschen gerne sagen würden? Falls ja, dann legen Sie sofort los mit einem ersten Brief oder einer Karte. Das kann ein schneller Gruß oder eine kurze Sehnsuchtbotschaft oder einfach etwas wie „Stell dir vor, was ich heute ...“ sein.

Oder gibt es Dinge, die offen geblieben sind, die Sie gerne noch gesagt hätten? Brennt etwas auf Ihrer Seele, was der Verstorbene unbedingt noch wissen soll, oder möchten Sie für etwas um Verzeihung bitten? Briefe dieser Art sind nicht mal eben so geschrieben und brauchen etwas mehr Ruhe und Vorbereitungszeit.

Schauen Sie gut, wann Sie sich dafür Zeit nehmen möchten. Das Schreiben solcher Briefe kann sehr emotional werden, und es werden eventuell viele Tränen fließen. Sorgen Sie also schon im Vorfeld gut für sich, indem Sie beispielsweise Taschentücher, etwas zum Trinken, etwas Tröstendes usw. zurechtlegen. Und erlauben Sie sich Pausen. So ein Brief muss nicht an einem Stück, auch nicht an einem Tag oder in einer Woche fertig werden.

Haben Sie in Ihrem Brief viele Fragen an die verstorbene Person gestellt oder würden Sie auch nur so liebend gerne eine Antwort von ihr bekommen? Falls ja, schreiben Sie die Antwort. Leihen Sie Ihrem Verstorbenen Ihre Hand für ein Antwortschreiben.

Das mag im ersten Moment etwas schräg klingen, aber bei vielen Menschen klappt es erstaunlich gut. Denken Sie im Vorfeld nicht zu viel darüber nach, wie die Antwort lauten könnte, sondern versuchen Sie, die Worte intuitiv aufs Papier fließen zu lassen. Damit das gelingt, verbinden Sie sich vorher gedanklich mit Ihrem Verstorbenen. Versuchen Sie, seine Liebe und sein Wohlwollen zu spüren, und lassen Sie ihn vor Ihrem inneren Auge präsent werden.

Es muss auch nicht nur die direkte Antwort auf einen Brief von Ihnen sein, die Sie für den Verstorbenen schreiben. Vielleicht möchte er Ihnen ja einfach so gerne etwas mitteilen. Was wünscht er sich z. B. für Sie und Ihr weiteres Leben? Wenn Sie dazu etwas schreiben möchten, empfiehlt sich auch wieder die direkte Briefform an Sie selbst gerichtet.

Manche Hinterbliebene erzählen ihren Verstorbenen regelmäßig abends gedanklich oder laut von ihrem Tag. Das Gleiche können Sie auch schriftlich machen. Dann ist es so ungefähr wie Tagebuchschreiben, nur eben an den Verstorbenen gerichtet.

Ein Satz, den ich in meinen Begleitungen sehr oft höre, ist „Wir hatten doch noch so viel vor." Geht es Ihnen mit Ihrem Verstorbenen auch so? Machen Sie eine Liste mit all den Dingen, die Ihnen dazu einfallen. Dann markieren Sie die Punkte, bei denen Sie sich vorstellen können, dass Sie diese – vielleicht bewusst für Ihren Verstorbenen und vor allem mit ihm im Herzen – noch tun werden.

Für viele ist das Grab des Verstorbenen eine ganz wichtige Anlaufstelle, für viele aber auch nicht. Beides ist völlig normal und in Ordnung, denn die Anzahl der Friedhofsbesuche sagt rein gar nichts über die Liebe zu dem Verstorbenen aus.

Wie ist es bei Ihnen? Ist Ihnen der Ort, an dem die Bestattung stattfand, wichtig? Fühlen Sie sich dort dem geliebten Menschen näher? Schreiben Sie darüber.

Suchen Sie gezielt nach den verbindenden Dingen zwischen Ihnen beiden. Gibt es beispielsweise gleiche Eigenarten, Vorlieben, Bedürfnisse, Geschmäcker, Hobbys, Ziele, Wünsche oder Herzensangelegenheiten? Lassen Sie sich Zeit zum Nachdenken und listen Sie alles auf, was Ihnen einfällt.

Anschließend schauen Sie sich alle Punkte noch einmal an und überlegen Sie, ob Sie irgendetwas davon Ihrem geliebten Menschen zu verdanken haben. Falls ja, markieren Sie diese Punkte deutlich, z. B. mit einem Herzen.

In meinen Trauergruppen bekommen die Teilnehmenden Hausaufgaben für die Zeit zwischen den Treffen. Natürlich sind sie als reines Angebot zu verstehen, niemand muss sie machen. Eine Aufgabe zum Thema Verbundenheit mit dem Verstorbenen war es, dazu passende „Elfchen" zu schreiben. Elfchen sind kurze Gedichte in einer vorgegebenen Struktur, sie bestehen aus elf Wörtern. In der ersten Zeile steht ein Wort, in der zweiten zwei, in der dritten drei, in der vierten vier und in der letzten wieder eines. Hier ein Beispiel:

Verbundenheit
Wir beide
Du und ich
Für immer und ewig
Wir

Erna Te Pahs[53]

Haben Sie Lust, sich an einem Elfchen zu probieren? Es dürfen auch mehrere werden: Elfchen kann man eigentlich zu jedem Thema schreiben. Versuchen Sie es!

Der Psychotherapeut Roland Kachler hat den „guten Ort", der ursprünglich aus der Traumatherapie stammt, in die Arbeit mit Trauernden eingeführt. Er lädt Trauernde ein, in einer Imagination für den Verstorbenen einen schönen, sicheren Ort entstehen zu lassen, an dem es ihm oder ihr ganz wunderbar geht.

Wie sieht der perfekte, gute Ort für Ihren Verstorbenen aus? Beschreiben Sie ihn möglichst detailreich. Der Ort kann und darf sich im Trauerverlauf übrigens verändern, Sie können also immer wieder einen neuen Ort in Ihrer Fantasie und auch auf dem Papier entstehen lassen.

Es gibt auch Fantasiereisen, in denen es darum geht, der verstorbenen Person zu begegnen. So eine imaginäre Begegnung ist zeitlich begrenzt, aber sie darf in dem Bewusstsein stattfinden, dass immer neue möglich sind. Dem geliebten Menschen wenigstens in der Fantasie nah sein zu können, ist für die meisten sehr tröstlich. Einen entsprechenden Imaginationstext von Roland Kachler aus seinem Buch „Meine Trauer wird dich finden“ finden Sie auf Seite 64.

Wie sieht Ihre erste Begegnung mit Ihrem geliebten Menschen aus? Versuchen Sie doch mal, Ihren ganz persönlichen Fantasiereisetext zu schreiben. Malen Sie sich die Begegnung detailliert und wunderschön aus. Versuchen Sie, die Wärme, Freude und Liebe beim Wiedersehen zu spüren.

Imaginationen sind übrigens auch eine gute Sache, wenn wir nicht einschlafen können, weil z. B. Grübelgedanken einfach nicht mit dem Kreisen aufhören wollen oder Sorgen uns zermürben. Mit schönen Bildern im Kopf lässt es sich besser in den Schlaf finden.

Zwischen Himmel und Erde
gibt es so viel mehr,
als wir je erklären können …
Und es ist dieses Unerklärliche,
dessen sich unsere Seele erinnert
wenn sie, vom Tod und Verlust erschüttert,
an der Realität verzweifelt …

Heike Saal[54]

Glauben Sie an Zeichen von Verstorbenen? Wenn, sind Sie damit nicht allein, denn viele Menschen tun es. Ich habe 2014 eine Online-Umfrage zu verschiedenen Trauerthemen gemacht. Insgesamt nahmen 409 Personen anonym teil. Auf die Fragen „Hatten oder haben Sie das Gefühl, der/die Verstorbene besucht Sie oder kommuniziert gelegentlich mit Ihnen? Durften Sie z. B. Begegnungswunder oder symbolische Begegnungen erleben?" haben 45 Prozent mit Ja geantwortet. 22 Prozent wählten Nein, 18 Prozent waren sich nicht sicher, und 14 Prozent wählten die Antwortmöglichkeit „Nein, aber ich wünsche es mir sehr". (Ein Prozent enthielt sich der Frage.)

Auch in meinen Gesprächen mit Trauernden sind Nachtodkontakte immer wieder Thema. Oft bekomme ich die tollsten Begebenheiten erzählt. Und fast immer bin ich die Erste, die davon überhaupt erfährt, denn die meisten trauen sich nicht, über ihre Erlebnisse mit anderen zu sprechen. Sie haben Angst, als verrückt abgestempelt zu werden. Das sind sie aber auf gar keinen Fall!

Wenn dich plötzlich das starke Gefühl erfasst,
der, den du geliebt hast und liebst, sei dir nahe,
er habe dir ein Zeichen gegeben,
dann lass dich nicht irremachen. Nimm es an!

Ich bin überzeugt, dass es mehr Verbindungen gibt
zwischen denen drüben und uns hier,
als die meisten von uns heute meinen.

Jörg Zink[55]

Schreiben Sie über Nachtodkontakte. Was ist Ihre persönliche Meinung? Gibt es so etwas überhaupt? Haben Sie selber schon Zeichen entdeckt oder Begegnungen mit Ihrem Verstorbenen erlebt? Wünschen Sie sich welche?

Viele Trauernde, die für spirituelle Themen offen sind und fest an ein Weiterleben der Seele glauben, berichten nach einer gewissen Trauerzeit, dass sich die Beziehung zu dem geliebten Menschen nach dessen Tod sogar vertieft hat. Die verbindende Liebe wird oft als „reiner" und „freier" als zu Lebzeiten beschrieben. Auch ich glaube wie so viele andere fest daran, dass die Liebe die Brücke zwischen den Welten darstellt und wir ihr vertrauen können.

Welche Ergänzungen fallen Ihnen zu dem Satzanfang „Unsere Liebe ..." ein? Schreiben Sie so viele Sätze auf, wie Sie mögen. Wenn Ihnen zu späteren Zeitpunkten neue Sätze einfallen, ergänzen Sie diese gerne jederzeit.

Vertrauen wir der Liebe,
die uns mit dem Menschen verbunden hat,
um den wir weinen.
Sie wird unser Herz trösten,
den Schmerz mit uns tragen
und uns durch alle Dunkelheit
und Trauer hindurch
zurück ins Leben führen.

Irmgard Erath[56]

AUF EINEN BLICK – VERBUNDENHEIT SPÜREN

Schreiben Sie doch mal ...

- Briefe an Ihren geliebten Menschen
- einen Antwortbrief des Verstorbenen
- eine Botschaft des Verstorbenen an Sie
- Tagesberichte für den Verstorbenen
- eine Liste mit Dingen, die Sie eigentlich noch vorhatten
- über den Ort der Bestattung
- eine Liste Ihrer Gemeinsamkeiten
- ein oder mehrere „Elfchen" zum Thema Verbundenheit
- über den guten Ort für Ihren verstorbenen Menschen
- einen Imaginationstext zum Thema Begegnung
- über Nachtodkontakte
- Sätze, die mit „Unsere Liebe ..." beginnen

Das eigene Selbst stärken

Die Frage „Wer bin ich?“ ist gar nicht leicht zu beantworten. Und erst recht nicht in Zeiten, in denen vieles nicht mehr wie vorher ist. Es kann aber durchaus Sinn machen, sich gerade dann auf das zu besinnen, was weiterhin Bestand hat. Denn Sie sind noch da. Mit all Ihren Stärken und Schwächen, Eigenarten, Vorlieben, Träumen. Manche Träume scheinen jetzt vielleicht nicht mehr realisierbar zu sein, aber es sind dennoch Ihre Träume.

Nehmen Sie sich wichtig (denn das sind Sie!) und schreiben Sie etwas über sich. Nicht über Ihre Trauer oder Ihre Beziehung zu dem geliebten Menschen, nein, es darf auch einmal ausschließlich nur um Sie als Person gehen. Die Überschrift könnte lauten „Dieser Mensch bin ich“.

Natürlich sind Sie immer noch der Mensch, der Sie vor dem Verlust waren. Und doch hat sich sicherlich auch viel geändert, und Sie sind dabei, sich ebenfalls stetig weiterzuentwickeln.

Hat sich durch den Tod Ihres geliebten Menschen Ihre soziale Rolle geändert? Sind Sie beispielsweise von der Ehefrau zur Witwe geworden? Oder von der Mutter zur verwaisten Mutter? Wenn ja, was macht das mit Ihnen? Ändert sich damit Ihr eigenes Selbstbild oder Ihr Selbstwert? Glauben Sie, dass es in der Wahrnehmung anderer einen Unterschied macht? Inwieweit wird Ihr Leben allein durch die neue Rolle Veränderungen erfahren?

Sie können einen freien Text dazu schreiben, Sie können aber auch eine Tabelle machen, die Vorher und Nachher unterscheidet. Als Titel käme z. B. „Wer bin ich ohne dich?" infrage, oder „Was für ein Mensch möchte ich in fünf Jahren sein?"

Den meisten von uns fällt Selbstfürsorge und Selbstliebe schwer. Zu anderen sind wir fast immer viel netter und verständnisvoller als zu uns selbst. Wir dürfen und sollten aber auch Mitleid mit uns selbst haben und uns liebevoll umsorgen. „Liebe deinen Nächsten wie dich selbst" – das heißt im Umkehrschluss ganz klar, dass wir uns auch selber lieben sollen wie den Nächsten.

Sie können an dieser Stelle einen kurzen Selbsttest machen, um zu schauen, wie gut es um Ihre eigene Selbstwahrnehmung und Selbstliebe bestellt ist.

Notieren Sie spontan zehn Punkte, die Antwort darauf geben, warum Sie ein toller und liebenswerter Mensch sind. Im Anschluss schreiben Sie zehn Tätigkeiten auf, die Sie gut können („gut können" bedeutet nicht, dass Sie ein Vollprofi oder Supertalent sein müssen).

Ist Ihnen die Aufgabe schwergefallen? Falls ja, überlegen Sie, welche Punkte andere über Sie auflisten würden. Egal ob Sie zustimmen oder nicht, schreiben Sie zu beiden Fragen zehn Punkte aus der Sicht anderer auf.

Sind Sie manchmal insgeheim stolz auf sich selber? Das sollten Sie auf jeden Fall sein. Sie haben einen schweren Verlust hinter sich und Sie haben es überlebt. Das ist eine große Leistung! Sie wissen, wie schwer der bisherige Weg war. Erkennen Sie an, was Sie vollbracht haben. Es verdient Respekt!

Auch wenn es sich eventuell merkwürdig für Sie anfühlt, ergänzen Sie dreimal den Satz „Ich bin stolz auf mich, weil ..."

AUF EINEN BLICK – DAS EIGENE SELBST STÄRKEN

Schreiben Sie doch mal ...

- einen Text über sich selbst
- über Ihre neue Rolle und darüber, was für ein Mensch Sie in fünf Jahren sein möchten
- zehn Punkte auf, warum Sie ein toller Mensch sind, und zehn Punkte, was Sie gut können
- drei Sätze mit Gründen, weshalb Sie auf sich stolz sind

Die Trauer verabschieden

Viele Trauernde fühlen sich über ihre Trauer mit dem Verstorbenen verbunden. Daher kommt ein Ende der Trauer für sie nicht infrage, denn es käme in ihren Augen einem Verrat gleich. Sie glauben, wenn sie nicht mehr intensiv trauern, würden sie die Beziehung zu dem geliebten Menschen beenden und ihn somit aus dem eigenen Leben löschen.

Dem ist natürlich nicht so. Wenn uns ein geliebter Mensch fehlt, sind wir über unsere Liebe und unsere Erinnerungen für alle Zeit mit ihm verbunden. Es braucht dafür keine Trauer. Die Trauer ist am Anfang wichtig, denn durch sie lernen wir, den Verlust anzunehmen und in unser Leben zu integrieren. Wir brauchen sie, damit irgendwann wieder ein gutes, glückliches Leben möglich wird. Sie braucht in unserem Leben aber eben nur ein befristeter Wegbegleiter und kein Dauergast zu sein.

Die verstorbene Person hingegen darf, solange wir es wollen, eine wichtige Rolle in unserem Leben spielen. Wir dürfen sie als unsichtbaren Begleiter an allem teilhaben lassen, und sie darf bis zu unserem eigenen Lebensende ein Stück unseres Herzens besitzen.

Natürlich gibt es immer bestimmte Tage oder Situationen, an denen die Trauer wieder kurz zu Besuch kommt. Das kann und darf ein Leben lang so bleiben. Und im normalen Alltag ist es völlig normal, dass eine Sehnsucht und eine gewisse Wehmut bleiben, wenn man an den geliebten Menschen denkt. Für mich persönlich ist das dann allerdings keine Trauer mehr, – aber natürlich ist das im Grunde eine Frage der Begrifflichkeit.

Solange du den Schmerz benutzt, um dir aus ihm eine Identität zu schaffen, kannst du dich nicht von ihm befreien.

Eckhart Tolle[57]

Was für Gefühle und Gedanken kommen in Ihnen hoch, wenn Sie das Zitat lesen? Ist es für Sie vorstellbar, dass die Trauer nicht lebenslang bleibt?

Darf man nach einem schweren Verlust überhaupt wieder richtig glücklich sein? Wenn ja, ab wann? Und gilt das auch für Sie? Was wäre, wenn Ihre Trauer morgen weg wäre? Schreiben Sie Ihre Gedanken zu den Fragen auf.

In der vorletzten Stunde meiner Trauergruppen bekommen die Teilnehmenden immer die Hausaufgabe, einen Brief oder eine Karte an ihre Trauer zu schreiben. Wer etwas geschrieben hat und möchte, liest es dann am letzten Abend vor. Die Ergebnisse sind ganz unterschiedlich, aber alle auf ihre Art berührend.

Viele nehmen bei dieser Aufgabe Bezug auf die Geschichte vom ungebetenen Gast, eine Idee von Jacqueline Beringer, die ich an einem der ersten Abende vorstelle. In ihr geht es darum, dass man sich die Trauer als etwas vorstellen kann, was sich ungefragt einfach im eigenen Wohnzimmer einnistet. Es ist groß und störend, und egal, was man tut, wirklich gut ignorieren kann man dieses Etwas nicht. Also fängt man an, sich mit ihm zu arrangieren und sich immer mehr an seine Existenz zu gewöhnen.

Stellen Sie sich vor, dass Ihre Trauer, Ihr ungebetener Gast, langsam unruhig wird und Anstalten macht, sich zur Tür zu bewegen. Darf er schon gehen? Halten Sie ihm die Tür auf und bekommt er von Ihnen womöglich noch einen Tritt hinterher? Oder zögern Sie, weil Sie merken, dass Sie ihn vielleicht sogar vermissen werden? Möchten Sie ihm einen Schlüssel mitgeben, damit er jederzeit wiederkommen kann? Schreiben Sie Ihrem ungebetenen Gast einen Brief oder eine Karte.

In der Rückschau aus zeitlicher Distanz erkennen einige Menschen, die einen schweren Verlust erlebt haben, mit Überraschung, dass sie sich in vielen Dingen verändert oder auch weiterentwickelt haben. Dabei ist es ganz normal, wenn sich beispielsweise Interessen verlagern und neue Wertevorstellungen entwickeln oder man Oberflächlichkeiten nicht mehr mag.

Haben Sie an sich bereits Veränderungen festgestellt. Wenn ja, welche? Schreiben Sie darüber.

Wie sehen Ihre ganz persönlichen Wünsche für Ihr weiteres Leben aus? Was soll beispielsweise in drei Jahren sein? Der Wunsch, dass alles wieder wird, wie es mal war, ist zwar verständlich, aber leider nicht erfüllbar. Egal, wie sehr Sie es sich auch wünschen, Ihr geliebter Mensch bleibt tot. Was gibt es für andere Wünsche, die vielleicht doch in Erfüllung gehen könnten? Schreiben Sie sie in Ihr Heft.

Schreiben Sie doch mal einen Wunschbrief an Gott, eine andere höhere Macht oder ans Universum. Seien Sie dabei möglichst konkret und nicht bescheiden. Wünschen darf man sich schließlich alles. Versuchen Sie nach Möglichkeit, Wörter wie „nicht" oder „kein" zu vermeiden und nur positive Formulierungen zu nutzen.

Es gibt auch Menschen, die davon ausgehen, man könnte Bestellungen beim Universum aufgeben. Geben Sie Ihre Bestellung schriftlich auf. Nutzen Sie dafür maximal drei kurze Sätze, die möglichst genau erklären, was kommen soll.

AUF EINEN BLICK – DIE TRAUER VERABSCHIEDEN

Schreiben Sie doch mal ...

- über das mögliche Ende Ihrer Trauer
- einen Brief oder eine Karte an die Trauer
- über Veränderungen, die Sie an sich feststellen
- darüber, wie Sie sich Ihr Leben in der ferneren Zukunft wünschen
- einen Wunschbrief oder eine Bestellung ans Universum

WEITERE ANREGUNGEN

Zum Abschluss möchte ich Ihnen gerne noch einige weitere Anregungen und Informationen mit auf Ihren Weg geben. Sie betreffen ebenfalls Themen, die oft in meinen Begleitungen eine Rolle spielen und die ich als wichtig und hilfreich ansehe.

Treffen Sie keine wichtigen Entscheidungen

Für den Fall, dass Sie noch relativ am Anfang Ihres Trauerweges stehen, möchte ich Ihnen raten, in dieser Zeit keine schwerwiegenden Entscheidungen wie Wohnungswechsel, Jobkündigung, Grundstücksverkäufe usw. zu treffen, sofern nicht wirklich dringender Handlungsbedarf besteht. Mir berichten häufiger Trauernde davon, dass sie in der ersten Schockphase Dinge aus dem Bauch heraus entschieden und umgesetzt haben, die sie nach einiger Zeit bitter bereut haben.

In den ersten Wochen ist man nicht wirklich in der Lage, Situationen auf längere Sicht abschätzen zu können. Wenn es also nicht nötig ist, sollten Sie besser nichts überstürzen, sondern sich mit Entscheidungen Zeit lassen, bis Sie sich wirklich sicher sind. Das gilt auch für das Weggeben von Kleidung und Besitztümern des Verstorbenen. Manche Trauernde sind ganz schnell damit, sich von Dingen endgültig zu trennen, die dann nach einiger Zeit doch als wichtiges Erinnerungsstück vermisst werden.

Wenn Sie das Bedürfnis verspüren, Gegenstände aus dem täglichen Umfeld zu nehmen, spricht überhaupt nichts dagegen, es könnte aber von Vorteil sein, die Sachen fürs Erste nur in einen Karton für eine spätere Begutachtung und Entscheidung zu packen. Sind erst einmal alle Sachen weggegeben, entfällt z. B. die immer beliebter werdende Möglichkeit, sich aus Kleidungsstücken der verstorbenen Person ganz individuelle Erinnerungsstücke (Kissen, Stofftiere, Decken, Taschen …) selbst zu nähen oder anfertigen zu lassen.

Jeder trauert anders

Wie schon mehrfach erwähnt, ist Trauer etwas sehr Individuelles. Jeder Mensch erlebt sie anders und geht auf seine Art mit ihr um. Wenn wir selbst trauern, vergessen wir das allerdings oft und gehen davon aus, dass zumindest Partner und engste Familienangehörige so wie wir selber reagieren müssen. Wenn es dann für uns den Anschein hat, als wenn die anderen gar nicht wirklich trauern, führt das oft zu Konflikten. Leider kommt es nicht selten vor, dass daran Partnerschaften zerbrechen oder Beziehungen zu älteren Kindern oder betagten Eltern stark belastet werden.

Auch kleineren Kindern merkt man ihre Trauer nicht immer an, denn sie ist nicht kontinuierlich für das Kind spürbar. Man sagt, dass Kinder in Pfützen der Trauer springen, aber auch schnell wieder herausspringen können. Mir gefällt das Bild gut. Wichtig finde ich, dass wir als Erwachsene nicht vergessen, dass es auch sehr tiefe Pfützen geben kann und Kinder unter Umständen darin zu ertrinken drohen. Es besteht auch die Gefahr, dass wir das tiefe Leid von Kindern und Jugendlichen nach einer Verlusterfahrung gar nicht wahrnehmen, da es eben nicht immer von außen sichtbar ist. Kinder geben sich z. B. oft aus für uns gar nicht nachvollziehbaren Gründen Schuld am Tod eines Menschen.

Zum Thema Trauer von Kindern und Jugendlichen gibt es eine Menge an Literatur, und auch im Internet finden Sie hilfreiche Informationen, z. B. unter www.kindertrauer.info. Zum Glück existieren an vielen Orten und im Internet mittlerweile Trauerbegleitungsangebote speziell für Kinder und Jugendliche.

Nicht nur Kinder trauern anders als Erwachsene, auch Männer trauern anders als Frauen. Wenn man über geschlechtsspezifische Unterschiede in der Art zu trauern redet, darf man nicht vergessen, dass man stark pauschalisierend vorgeht und es ca. 30 Prozent Männer gibt, die eher wie Frauern trauern. Genauso kann man von ca. 30 Prozent Frauen ausgehen, die eher männliche Trauerreaktionen zeigen. Worin bestehen nun aber die Hauptunterschiede?

Viele Männer sind es nicht gewohnt, über Gefühle zu sprechen. Manchen fällt es schwer, sie überhaupt differenziert wahrzunehmen und dafür passende Worte zu finden. Gefühle zu zeigen, zeugt für viele nach wie vor von Schwäche, und Schwäche wird als Gefahr gesehen. Aus diesem Grund versuchen Männer häufiger, sich von der Trauer abzulenken und sie zu verdrängen. Ich höre häufig Sätze wie „Ich habe Angst davor, nicht mehr mit dem Weinen aufhören zu können, wenn ich erst einmal damit anfange“ oder „Wer soll denn für uns sorgen, wenn ich mich auch noch der Trauer hingebe?“.

Männer versuchen, im Außen für Stabilität zu sorgen, indem sie möglichst wie gewohnt weiterfunktionieren und für den Lebensunterhalt sorgen, damit nicht noch zusätzliches Leid auf die

Familie zukommt. Sie versuchen nicht nur für sich selbst, sondern auch für andere stark zu sein.

Bei Männern finden Gefühle eher über Aktivität ihren Ausdruck als über Gespräche. Für die Mehrheit der Männer braucht es daher andere, neue Formen von Trauerbegleitungsangeboten, da sie sich von den klassischen nicht angesprochen fühlen. Trauernde Männer profitieren von Angeboten, bei denen sie überwiegend mit anderen Männern in Kontakt kommen und dabei der verbale Austausch eher nebenbei und mit Unterbrechungen erfolgen kann.

Mehr Informationen zu geschlechtsspezifischen Unterschieden finden Sie unter anderem in dem Buch „Männer trauern anders“ (siehe Anhang) von Thomas Achenbach, das ich Frauen, die mir von für sie unverständlichen Trauerreaktionen bei Männern berichten, immer gern empfehle.

Zum besseren Verständnis, warum es sein kann, dass andere ganz anders trauern, möchte ich an dieser Stelle auch noch einmal kurz auf die verschiedenen Trauertypen von Seite 76 verweisen.

Zusätzlich kommt noch ein zeitlicher Faktor hinzu. Dafür eignet sich das Bild eines Trauermeeres: Je nach Standort treffen Trauerwellen nicht jeden Menschen gleichzeitig. Für den einen fühlt sich das Meer gerade relativ ruhig an, die andere wird zur selben Zeit von einer heftigen Welle erwischt und verliert jeglichen Bodenkontakt.

Viele Trauernde, deren Partner verstorben ist, tun sich anfangs schwer mit dem Gedanken an eine neue Partnerschaft, weil es sich für sie irgendwie wie Betrug anfühlt. Und doch ist vielleicht das Bedürfnis nach Nähe und Intimität da.

Andere sind völlig überzeugt, dass für sie nie mehr eine neue Beziehung infrage kommt. Das Leben steckt aber voller Überraschungen, und es kommt nicht selten vor, dass Trauernde schon recht bald nach dem Verlust Gefühle für jemanden entwickeln und daraus eine neue Partnerschaft entstehen kann. Die Parallelität von tiefen Trauergefühlen auf der einen Seite und Glücksgefühlen auf der anderen ist für die meisten anfangs sehr irritierend.

Es gibt auch Menschen, die sich nach dem Partnerverlust regelrecht in eine neue Beziehung stürzen. Das ist dann meist der Versuch, dem Trauerschmerz zu entfliehen und schnellstmöglich die gewohnte Lebenssituation wiederherzustellen.

Leider verurteilt es das soziale Umfeld oft, wenn Trauernde schnell wieder eine neue Partnerschaft eingehen. Geben Sie bitte nichts darauf, was andere denken oder sagen! Es ist Ihr Leben! Und Sie haben alles Recht darauf, wieder glücklich zu werden und ein gutes Leben zu leben. Wenn Ihnen eine neue Partnerschaft guttut, dann freuen Sie sich über dieses Glück und erlauben Sie es sich unbedingt selber! Ihr Verstorbener gönnt es Ihnen ganz sicher. Und eine neue Beziehung ändert nichts an der Liebe zu ihm.

Falls Sie bisher an „die eine große Liebe" geglaubt haben, verabschieden Sie sich davon. Es kann definitiv mehrere im Leben geben. Ein Teil Ihres Herzens darf ein Leben lang dem Verstorbenen gehören und dennoch hat es auch Platz für die Liebe zu jemand anderem. Es ist wie bei einer Mutter, die ihr Erstgeborenes nicht auf einmal weniger lieben muss, wenn ein zweites Kind in ihr Leben tritt.

Suchen Sie den Austausch mit anderen Trauernden

Ich erlebe immer wieder, wie wertvoll der Austausch von Trauernden untereinander ist. Daher organisiere ich gern lockere Treffen, bei denen es darum geht, Menschen mit ähnlicher Verlusterfahrung kennenzulernen. Bei Personen, die Ähnliches erlebt haben, ist ein ganz anderes Grundverständnis vorhanden, und man muss sich nicht erst lang erklären. Verständnis von anderen zu erfahren, tut gut und kann sehr entlastend sein. Der Austausch kann auch neue Perspektiven eröffnen und Mut machen, Dinge auszuprobieren. Und er nimmt das Gefühl, völlig allein dem Schicksal ausgeliefert zu sein. Es berührt mich immer sehr, wenn ich im Nachhinein erfahre, was aus solchen Treffen alles entstanden ist.

Wenn Sie herausfinden möchten, welche Angebote es bei Ihnen vor Ort für Trauernde gibt, fragen Sie bei Bestattern, Hospizvereinen, Ärzten, Kirchengemeinden oder Beratungsstellen. Die Webseite www.trauergruppen.de kann auch eine Hilfe sein. Es gibt Vereine und Selbsthilfegruppen, die regionale Treffen anbieten, z. B. Veid e. V. (Bundesverband Verwaiste Eltern und trauernde Geschwister in Deutschland), Agus e. V. (Angehörige um Suizid) und jung verwitwet e. V. Auch für Eltern von Sternenkindern entstehen in den letzten Jahren glücklicherweise immer mehr Angebote, siehe z. B. Hope's Angel.

Manchmal ist allerdings ein bisschen Eigeninitiative erforderlich. Nur weil bisher noch kein entsprechendes Angebote existiert, heißt das noch lange nicht, dass es niemanden außer Ihnen gibt, der daran Interesse hätte. Wenn Sie konkret wissen, was Sie sich wünschen, können Sie beispielsweise über eine Zeitungsanzeige oder einen Aushang im Supermarkt versuchen, Gleichgesinnte kennenzulernen, beispielsweise so:

„Ich bin Anfang 30 und meine Eltern sind beide verstorben. Ich würde mich gerne mit Gleichaltrigen austauschen, denen der Tod der Eltern ebenfalls sehr zusetzt.“ Oder: „Unser Sohn ist letztes Jahr im Alter von acht Jahren verstorben. Wir möchten gerne andere betroffene Eltern kennenlernen. Für einen ersten Austausch haben wir ein Treffen am ... in der Pizzeria ... vorgesehen.“ Oder: „Mein Mann ist vor acht Monaten verstorben. Das Kochen für mich alleine und das Essen ohne Gesellschaft fällt mir zunehmend schwer. Gibt es Verwitwete mittleren Alters, denen es ebenso geht?“

Viele Trauernde nutzen das Internet, um mit anderen Trauernden in Kontakt zu kommen. Es gibt dafür viele verschiedene, meist kostenfreie und auch anonym nutzbare Foren und Chatangebote. Bei Facebook existieren unzählige Trauergruppen zu den unterschiedlichsten Verlusterfahrungen. Manche werden von Trauerbegleitern moderiert oder begleitet.

In einem relativ neuen Projekt geht es genau um die Problematik, wie Sie als trauernde Person andere Betroffene kennenlernen können. Die Webseite „TrostHelden“ möchte Trauernden einen perfekt zu ihnen passenden „TrostPartner“ vermitteln. Das Ganze funktioniert ähnlich wie bei einer Partnervermittlung. Sie füllen einen Fragebogen aus und bekommen andere Trauernde vorgeschlagen, die in etwa das Gleiche erlebt haben und gut zu Ihnen passen könnten. Mehr Infos finden Sie unter www.trosthelden.de.

Übrigens bieten mittlerweile viele Trauerbegleiter auch Seminare und Workshops, Beratungen oder Einzelbegleitungen online an. Außerdem finden Sie im Internet viele hilfreiche Webseiten, Blogs, Videos, Podcasts rund ums Thema Trauer.

Denken Sie über Urlaub nach

Früher oder später kommt bei Menschen nach einer schweren Verlusterfahrung die Frage nach Urlaub auf. Auch bei diesem Thema kann man keine allgemeingültigen Ratschläge geben. Jeder Mensch sollte sich selber fragen, was sich für ihn zurzeit stimmig anfühlt. Was andere meinen, sollte – wenn überhaupt – nur eine untergeordnete Rolle spielen.

Ein Urlaub kann absolut hilfreich und kräftestärkend sein, er kann aber auch emotional sehr belastend sein, wenn man z. B. mit falschen Erwartungen an ihn herangeht. Die Trauer ist nicht einfach weg, nur weil Sie sich an einem anderen Ort befinden. Sie nehmen sie mit, und es ist völlig in Ordnung, wenn sie sich auch auf einer Reise bemerkbar macht. Schließlich ist der geliebte Mensch noch immer tot und kann all das jetzt nicht mehr miterleben. Das ist und bleibt traurig.

Und doch schaffen es viele Trauernde auch, gerade für den gestorbenen Menschen schöne Momente zu genießen und neue Erfahrungen zuzulassen. Sie haben den Verstorbenen fest in Gedanken und im Herzen dabei und reisen so quasi mit ihm, vielleicht sogar extra an einen Ort, der eine besondere Bedeutung für ihn hat oder für den Verstorbenen ein Wunschziel darstellte. Wenn Sie sich genau das noch keinesfalls vorstellen können, weil es für Sie viel zu schmerzhaft wäre, ist das auch absolut in Ordnung! Zwingen Sie sich niemals zu etwas, was sich nicht richtig anfühlt.

Wussten Sie, dass es extra Reiseangebote für Trauernde gibt? Man kann Wochenendauszeiten im Kloster, Reisen an die Küste oder in die Berge, Wanderwochen auf dem Jakobsweg und noch vieles mehr buchen. Bei manchen Reisen liegt der Schwerpunkt auf integrierten Trauerbegleitungseinheiten, bei anderen steht eher der Aspekt der homogenen Reisegruppe im Vordergrund, es gibt also beispielsweise extra Reisen für Verwitwete, damit sich diese im Urlaub nicht von lauter glücklichen Paaren umgeben fühlen müssen. Im Anhang und auf meiner Webseite www.iris-willecke.de habe ich einige Anbieter aufgelistet. Die Liste ist mit Sicherheit nicht vollständig, weshalb sich auch hier eine eigene Internetrecherche anbietet.

Werden Sie kreativ

Haben Sie schon andere kreative Ausdrucksformen als Schreiben ausprobiert? Es gibt so viele verschiedene Möglichkeiten und es lohnt, ab und an einfach mal etwas auszutesten. Das können Tätigkeiten sein, die Sie aus früheren Zeiten kennen, aber auch ganz neue. Es müssen auch gar nicht immer nur gestalterische Betätigungen sein, denn man kann z. B. auch wunderbar über Musik und Bewegung Zugang zu seinen Gefühlen bekommen und diese ausdrücken.

Leider haben viele Menschen eine gewisse Abwehrhaltung gegen alles Kreative entwickelt, und viele reagieren sofort mit „Das kann ich nicht“ oder „Dafür bin ich kein Typ“. Das ist sehr schade, denn ich habe es schon unzählige Male erlebt, dass sich solche Einschätzungen als völlig falsch herausgestellt haben. Hätten diese Menschen sich nicht motivieren lassen, einfach mal einen Versuch zu starten, wäre ihnen viel entgangen.

Meine Kreativabende zum Thema „Grabkerzen gestalten“ sind dafür ein gutes Beispiel. Auch dort nehmen oft Trauernde teil, die von vornherein klarstellen, dass sie „gar nicht basteln können“, „zwei „linke Hände haben“ und sie sich eigentlich nur aus anderen Gründen als der Freude am kreativen Tun angemeldet haben. Das Verzieren von Grabkerzen ist aber eine Tätigkeit, für die man wirklich keinerlei Bastelgeschick braucht. Jeder kann individuelle Grablichter nach eigenem Geschmack oder dem des Verstorbenen herstellen.

Spätestens, nachdem die erste Kerze fertig ist, kann ich bei fast allen Teilnehmern Freude am Gestalten erkennen. Die Tatsache, etwas für den geliebten Menschen mit den eigenen Händen und ganz viel Liebe erschaffen zu können, spornt an und tut gut. Viele, die es ausprobiert haben, bringen nun regelmäßig dekorierte Kerzen zum Friedhof. Wenn Sie mehr über das Thema wissen möchten, empfehle ich Ihnen mein Buch „Grabkerzen liebevoll gestalten – Tipps und Ideen zum Selbermachen“ (siehe Anhang).

Abgesehen von Grabkerzen gibt es noch ganz viele andere Dinge, die man für den geliebten Menschen oder zu seinem Gedenken fertigen kann.

Ich kann hier nur ein paar Beispiele geben, aber vielleicht ist da für Sie schon die ein oder andere gute Anregung dabei. Für Friedhöfe oder andere Gedenkorte im Freien sind z. B. selbst gemachte Gestecke, Kränze, Vasen, Pflanzenstecker, bemalte Steine, Beton-, Holz-, oder Steinarbeiten möglich. Ich kenne auch Trauernde, die unter Anleitung eines Bildhauers oder Steinmetzen den Grabstein selbst gefertigt haben. Für sie war es ein wichtiger Teil ihrer Trauerarbeit, der ihnen viel gegeben hat.

Ideen, bei denen es darum geht, sich Erinnerungsschätze zu gestalten, mag ich besonders gerne. Wie oben bereits geschrieben, ist mit Kleidung ganz viel möglich, aber im Grunde eignet sich fast alles. Kleinere Gegenstände können z. B. in einem Rahmen oder in Gläsern in Szenen gesetzt werden.

Liebevoll gestaltete Erinnerungsbücher mit Fotos, Texten und kleinen Sachen aus dem Besitz des Verstorbenen sind auch eine tolle Sache. Es gibt auch viele Möglichkeiten, Bilderrahmen oder Bilderhalter zu fertigen oder gekaufte individuell zu verschönern.

Weitere Ideen, wie Sie durch kreatives Gestalten Ihrer Liebe und Verbundenheit zum Verstorbenen Ausdruck geben und gleichzeitig etwas Schönes erschaffen können, finden Sie auf der Seite www.lovecrafts.info, die ich 2020 mit meiner Kollegin Eva Terhorst ins Leben gerufen habe.

Wenn es Ihnen eher darum geht, allen Trauergefühlen einen Ausdruck geben zu können, eignen sich dazu beispielsweise die Ausdrucksmalerei oder das Modellieren. Letzteres ist ohne großen Aufwand auch in den eigenen vier Wänden mit Modelliermasse, Fimo oder Ton möglich, den es mittlerweile in einer lufttrocknenden Variante gibt, sodass kein Brennvorgang erforderlich ist. Egal, was Sie machen, denken Sie beim Tun daran, dass es in diesem Fall überhaupt nicht auf das Ergebnis ankommt. Es muss kein tolles, ansehnliches Kunstwerk entstehen!

Wenn Sie den kreativen Ausdruck lieber begleitet erproben möchten, ist das vielerorts bei Künstlerinnen oder Kunsttherapeuten in deren Atelier oder Werkstatt möglich.

Fotografieren kann auch als Ausdrucksmöglichkeit genutzt werden. Entweder spricht das Bild für sich oder Sie kombinieren es mit passenden Worten.

ZUM SCHLUSS

Ich hoffe sehr, dass dieses Buch für Sie zu einem hilfreichen Begleiter auf Ihrem Trauerweg wird. Das geschriebene Wort kann natürlich nicht alles ersetzen. Bitte scheuen Sie nicht davor zurück, professionelle Hilfe zu suchen, wenn Sie das Gefühl haben, alleine nicht mehr weiterzukommen. Gezielte Gespräche können Wunder wirken.

Zum Abschluss möchte ich Ihnen zwei Texte mit auf den Weg geben, denn sie fassen all das wunderbar zusammen, was auch ich Ihnen von ganzem Herzen wünsche.

Vergiss die Träume nicht,
wenn die Nacht
wieder über dich hereinbricht
und die Dunkelheit
dich wieder gefangen zu nehmen droht.
Noch
ist nicht alles verloren.
Deine Träume und deine Sehnsüchte
tragen Bilder der Hoffnung in sich.
Deine Seele weiß,
dass in der Tiefe Heilung schlummert
und bald in dir
ein neuer Tag erwacht.

Christa Spilling-Nöker[58]

Ich wünsche dir,
dass dich all das Unerfüllte
in deinem Leben
nicht erdrückt,
sondern dass du dankbar sein kannst
für das, was dir an Schönem gelingt.

Ich wünsche dir,
dass all deine Traurigkeiten
nicht vergeblich sind,
sondern dass du aus der Berührung
mit deinen Tiefen
auch Freude
wieder neu erleben kannst.

Ich wünsche dir,
dass du die Zeiten der Einsamkeit
nicht als versäumtes Leben erfährst,
sondern dass du beim Hineinhorchen
in dich selbst
noch Unerschlossenes
in dir entdeckst.

Christa Spilling-Nöker[58]

Bleiben Sie bitte offen für das, was das Leben noch für Sie bereithält. Zum Aufgeben ist es immer zu früh!

Alles Gute für Ihre Zukunft wünscht Ihnen von Herzen

Ihre

ANHANG

Adressen

Telefonseelsorge rund um die Uhr:
Tel. 0800 111 0 111 oder 0800 111 0 222, auch Chat oder Mailbegleitung
www.telefonseelsorge.de

Ärztliche Notfalldienste:
Tel. 116 117
Psychiatrische Notaufnahmen: Eine Übersicht mit Kliniken finden Sie unter www.psychenet.de.

Bundesweit tätige Organisationen, zum Teil mit Regionalgruppen, Foren, Seminarangeboten und mehr:
VEID – Bundesverband Verwaiste Eltern und trauernde Geschwister in Deutschland e. V.: www.veid.de

Leben ohne Dich e. V. – Selbsthilfe für Familien mit verstorbenen Kindern: www.leben-ohne-dich.de

VIDU – Selbsthilfe für Verwitwete: www.verein-verwitwet.de

jung verwitwet e. V.: www.verwitwet.de

AGUS e. V. – Angehörige um Suizid: www.agus-selbsthilfe.de

TREES of MEMORY e. V.: www.treesofmemory-ev.com

Initiative REGENBOGEN „Glücklose Schwangerschaft" e. V.: www.initiative-regenbogen.de

Hope's Angel – Begleitung für Familien beim Frühtod ihres Kindes: www.hopesangel.com

Trauerbegleitungsangebote:
Bundesverband Trauerbegleitung e. V.: www.bv-trauerbegleitung.de

Deutsches Verzeichnis für Trauergruppen und Trauercafés: www.trauergruppe.de

Oft können auch Hospizvereine Auskunft über Angebote in der Region geben.

Lokale Selbsthilfegruppen:
Bei der Suche helfen regionale Selbsthilfekontaktstellen. Diese finden Sie über NAKOS – Nationale Kontakt- und Informationsstelle zur Anregung und Unterstützung von Selbsthilfegruppen: www.nakos.de.

Podcasts:
Trauer-Radio: www.trauer-radio.de

Ich bin hier & du bist tot – Der Trauerpodcast: www.dubisttot.de

endlich. wir reden über den tod: www.endlich.cc

Trauerforen und Chats:
Trauerforum: www.meinetrauer.de

Forum und Chat für Verwitwete: www.verwitwet-forum.de

Trauerchats: www.trauer.de/trauerhilfe/trauerhilfe-chat

Bei Facebook gibt es viele, zum Teil auch durch Trauerbegleiter begleitete Gruppen.

Infoseiten:
Gute Trauer – Internetprojekt der Verbraucherinitiative Aeternitas e. V.: www.gute-trauer.de

Informationen zum Thema Kindertrauer: www.kindertrauer.info/

Online-Begleitungen oder -Seminare:
Eva Terhorst: www.trauerbegleiter.org

Alexandra Kossowski: www.thefuneralists.com

Maria Förster: www.trauerarbeit-maria-foerster.de

Trauerseminare:
www.bonifatius-elkeringhausen.de

www.lebendig-trauern.de

www.trauergeschichten.de

Trauerreisen:
Nureto – Trauerhilfe und Trauerbegleitung auf dem Jakobsweg: www.nureto.de

Re-Bo-Reisen – Reisen für Alleinstehende und Hinterbliebene: www.re-bo-reisen.de

Zeit.T.Raum – Reisen für Trauernde: www.zeit-trauer-raum.de

Weiteres:
Iris Willecke – Trauerbegleitung und Beratung: www.iris-willecke.de

Lovecrafts – Schönes aus Liebe zum Verstorbenen gestalten: www.lovecrafts.info

Seelensport – Trauer durch Bewegung verarbeiten: www.seelensport.at

trauer/now Onlinemagazin: www.trauer-now.de

viaanima – eMagazin und Verzeichnis: www.viaanima.com

Lesetipps

„Männer trauern anders. Was ihnen hilft und gut tut“, Thomas Achenbach, © 2019 Patmos Verlag, Eschbach, ISBN 9783843611312

„Alles gut. Das kleine Überlebensbuch. Soforthilfe bei Belastung, Trauma & Co.“, Dr. med. Claudia Croos-Müller, 5. Auflage, © 2017 Kösel Verlag, München, ISBN 3466346665

„Meine Trauer geht – und du bleibst“, Roland Kachler, © 2010 Kreuz Verlag, Freiburg im Breisgau, ISBN 9783783180169

„Meine Trauer wird dich finden. Ein neuer Ansatz in der Trauerarbeit“, Roland Kachler, © 2017 Herder Verlag, Freiburg im Breisgau, ISBN 9783451600456

„Ich lebe mit meiner Trauer“, Chris Paul, © 2017 Gütersloher Verlagshaus, Gütersloh, ISBN 9783579073088

„Schuld – Macht – Sinn: Arbeitsbuch für die Begleitung von Schuldfragen im Trauerprozess“, Chris Paul, © 2010 Gütersloher Verlagshaus, Gütersloh, ISBN 9783579068336

„Warum hast du uns das angetan? Ein Begleitbuch für Trauernde nach einem Suizid“, Chris Paul, © 2018 Gütersloher Verlagshaus, ISBN 3579073125

„Grabkerzen liebevoll gestalten: Tipps und Ideen zum Selbermachen“, Iris Willecke, © 2018 Independently published, ISBN 9781980810148

Vertiefende Literatur

„Ärztliche Seelsorge. Grundlagen der Logotherapie und Existenzanalyse. Mit den‚Zehn Thesen über die Person'", Viktor E. Frankl, © 2007 dtv Verlagsgesellschaft, München, ISBN 9783423344272

„... trotzdem Ja zum Leben sagen. Ein Psychologe erlebt das Konzentrationslager", Viktor E. Frankl, © 2018 Penguin Taschenbuch Verlag, München, ISBN 9783328102779

„Trauern. Phasen und Chancen des psychischen Prozesses", Verena Kast, 4. Auflage, © 2013 Kreuz Verlag, Stuttgart, ISBN 9783451612367

„Praxisbuch Trauergruppen. Grundlagen und kreative Methoden für Erwachsene, Jugendliche und Kinder", Mechthild Schroeter-Rupieper, ©2015 Patmos Verlag, Eschbach, ISBN 9783843606745

„Trauern und leben. Begleitung durch die Landschaften der Trauer", Antje Uffmann, © 1998 Kreuz Verlag, Stuttgart, ISBN 3783116198

„Für Zeiten der Trauer. Wie ich anderen helfen kann", Alan D. Wolfelt, © 2002 Kreuz Verlag, Stuttgart, ISBN 9783783120585

„Beratung und Therapie in Trauerfällen. Ein Handbuch", William J. Worden, 5. Auflage, © 2017, Hogrefe AG, Bern, ISBN 9783456858234

Quellen

1 Antje Sabine Naegeli: Etwas bleibt gewiss ... aus: dies.; Du bist noch immer da © 2011 Verlag am Eschbach. Patmosgruppe in der Schwabenverlag AG, Eschbach/Markgräflerland, ISBN 9783869170701

2 Vickie Harrison, übersetzt aus dem Englischen, https://quotecatalog.com/

3 Anja Wiese, aus „Um Kinder trauern", © 2009 Gütersloher Verlagshaus, Gütersloh, in der Penguin Random House Verlagsgruppe GmbH, ISBN 357906827X; Text ist entstanden in Anlehnung an Gedanken von Antje Uffmann

4 Khalil Gibran, The Prophet, 1923 Alfred A. Knopf, Inc., New York, eigene Übersetzung aus dem englischsprachigen Original

5 Ernst Reinhardt, aus „Neue Gedankensprünge", © 2010 Reinhardt Friedrich Verlag, Basel in der Schweiz, ISBN 9783724516712

6 Shakespeare, aus „Macbeth", Erstdruck 1623, übersetzt von Dorothea Tieck, Berlin 1832

7 Peter E. Schumacher, Abdruck mit freundlicher Genehmigung, https://www.aphorismen.de

8 Mike Düring, Abdruck mit freundlicher Genehmigung des Autors

9 Rene Juan Trossero, „No te mueras con tus muertos"(1987, Editorial Bonum, Buenos Aires, Argentina), übersetzt aus dem Spanischen von Evelina Bluemkranz in „Stärker als Trauer ist die Liebe", 2003 Herder Verlag, Freiburg im Breisgau, ISBN 3451279878

10 Annemarie Schnitt, www.schnitt-und-co.de, Abdruck mit freundlicher Genehmigung von der Familie der Autorin

11 Gregor von Nazianz, übersetzt aus dem Lateinischen, Epistula 101,32 (Brief an Cledonius; Migne: Patrologia Graeca 37, 181)

12 Frei nach Hermann Hesse, der Autor dieser Fassung ist nicht bekannt. Der Originalwortlaut lautet „... und so habe ich es in meinem eigenen Leben mit seltenen Ausnahmen (eine war der Tod meiner Mutter, den ich damals eine Zeitlang gar nicht an mich heranließ) gehalten, dass ich für den kürzesten Weg durch die Welt der Schmerzen den ansah, der mitten durch den Schmerz hindurchführt ..." Er stammt aus einem Brief Hesses von 1935 an Joseph Feinhals.

13 Frei nach Hermann Hesse, der Autor dieser Fassung ist nicht bekannt, Der Originalwortlaut lautet „Ja, es war so, es kam alles wieder, was nicht bis zu Ende gelitten und gelöst ward, es wurden immer wieder dieselben Leiden gelitten." Er stammt aus Siddhartha.

14 Osho, Osho International Foundation, Switzerland, mit Genehmigung von © Osho International Foundation, https://www.osho.com

15 Anke Maggauer-Kische, (*1948), Lyrikerin, ehemalige Betagtenbetreuerin, Abdruck mit freundlicher Genehmigung der Autorin

16 Marsha Updike, übersetzt aus dem Englischen, www.journeyfrommourning.blogspot.com

17 Dietrich Bonhoeffer, aus: „Widerstand und Ergebung", DBW Band 8, 1998, Gütersloher Verlagshaus, Gütersloh, ISBN 9783579018782

18 Jean Paul, 1812, Cotta'sches Taschenbuch für Damen

19 Irmgard Erath, mit freundlicher Genehmigung der Autorin

20 Carola Häußler, aus „Was bleibt ist die Liebe", mit freundlicher Genehmigung der Autorin

21 nach Rainer Maria Rilke, einzelne Zeilen stammen aus einem Brief von Rainer Maria Rilke „an einen jungen Dichter" (Franz Xaver Kappus), siehe http://www.rilke.de/briefe/230403.htm. Der Autor dieser Fassung und des Titels ist nicht bekannt.

22 Max Feigenwinter, aus „Die Wahrheit liegt in dir", 3. Auflage 1999, ISBN 3906337219, https://www.maxfeigenwinter.com

23 Jochen Jülicher, aus „Solange ihr mich liebt. Texte und Gedichte zum Abschied", © 2005 Echter Verlag, Würzburg ISBN 3429026717

24 Sabine Coners, Abdruck mit freundlicher Genehmigung, www.coners-bestattungen.de

25 Irmgard Erath, mit freundlicher Genehmigung der Autorin

26 Matthias Pleye, aus „Anderthalbwahrheiten: Gedanken und Aphorismen", Books on Demand, 2012, ISBN 3848213303, Abdruck mit freundlicher Genehmigung des Autors

27 Tanja Zeiser, Abdruck mit freundlicher Genehmigung der Autorin

28 Stephan Volke, aus „Manchmal schickt Gott seinen Engel", © 2003/2015 SCM Verlagsgruppe GmbH, Holzgerlingen, ISBN 3789395137

29 Buddha, ungesichert, https://www.zitate-und-sprichwoerter.com

30 Louise Hay, ungesichert, übersetzt aus dem Englischen, https://www.quotemaster.org

31 Alfred Delp, aus „Im Angesicht des Todes“

32 Mario Dieringer, Abdruck mit freundlicher Genehmigung des Autors, https://www.treesofmemory.com

33 Platon, Lebensweisheiten berühmter Philosophen: 4000 Zitate von Aristoteles bis Wittgenstein, © 2008 Schlütersche, ISBN 3899941934

34 Roland Kachler, aus „Meine Trauer wird dich finden“, © 2017 Verlag Herder GmbH, Freiburg im Breisgau, ISBN 9783451600456

35 Inge Wuthe, aus „Vom Weggehen und vom Ankommen“, ISBN 9783750202085, www.mantalos.de, Abdruck mit freundlicher Genehmigung der Autorin

36 Helga Schäferling, Abdruck mit freundlicher Genehmigung der Autorin, https://www.aphorismen.de

37 Romain Gary, ungesichert, zitiert in „Ihr habt mein Weinen nicht gehört: Hilfen für suizidgefährdete Jugendliche“, Jutta Schütz, 1994 Fischer Verlag, Frankfurt/Main, ISBN 9783596119646

38 Pirko Lehmitz, Abdruck mit freundlicher Genehmigung der Autorin, www.stillgeboren.de

39 Annemarie Schnitt, www.schnitt-und-co.de, Abdruck mit freundlicher Genehmigung der Familie der Autorin

40 Hubert Maria Dietrich, Abdruck mit freundlicher Genehmigung des Autors, https://www.humanum.eco

41 Jochen Mariss, Abdruck mit freundlicher Genehmigung des Autors, www.jochenmariss.de

42 Renate Salzbrenner, Abdruck mit freundlicher Genehmigung der Autorin

43 Diana Mirtschink, aus „Dieser Schmerz zerreißt mir fast das Herz: Trauern als Weg“, © 2012 Spica Verlag GmbH, Blumenholz, ISBN 3943168131

44 Marie-Luise Wölfing, Abdruck mit freundlicher Genehmigung der Autorin

45 Marion Löffler, 2006, https://gedichte.xbib.de

46 Khalil Gibran, https://zitate-aphorismen.de

47 Irmgard Erath, mit freundlicher Genehmigung der Autorin

48 Udo Hahn, Abdruck mit freundlicher Genehmigung des Autors

49 Axel Kühner, Die Suche nach dem Senfkorn, in: ders., „Überlebensgeschichten für jeden Tag", © 1991 Neukirchener Verlagsgesellschaft mbH, Neukirchen-Vluyn, 21. Auflage 2018, S. 342

50 Annemarie Schnitt, www.schnitt-und-co.de, Abdruck mit freundlicher Genehmigung der Familie der Autorin

51 Tanja Zeiser, Abdruck mit freundlicher Genehmigung der Autorin

52 Alfons Gerhardt, aus „In seiner Hand ruht unser Leben. Worte des Trostes", © 2008 Lahn-Verlag in der Butzon & Bercker GmbH, Kevelaer, www.bube.de

53 Erna Te Pahs, Abdruck mit freundlicher Genehmigung der Autorin

54 Heike Saal, Abdruck mit freundlicher Genehmigung der Autorin

55 Jörg Zink, aus „Trauer hat heilende Kraft", © 2014 Verlag Herder GmbH, Freiburg im Breisgau, ISBN 9783451613616

56 Irmgard Erath, mit freundlicher Genehmigung der Autorin

57 Eckhart Tolle, aus „Jetzt! Die Kraft der Gegenwart", © 2014 J. Kamphausen in Kamphausen Media GmbH, Bielefeld, ISBN 9783933496539

58 Christa Spilling-Nöker, Vergiß die Träume nicht (2002), und Nicht vergeblich, aus: dies.: „Der Himmel ist in dir", © 2016 Verlag am Eschbach. Patmosgruppe in der Schwabenverlag AG, Eschbach/Markgräflerland, ISBN 9783869174501

Bibliografische Information der Deutschen Nationalbibliothek
Die Deutsche Nationalbibliothek verzeichnet diese Publikation in der Deutschen Nationalbibliografie; detaillierte bibliografische Daten sind im Internet über https://dnb.de abrufbar.

ISBN 978-3-8426-4232-4 (Print)
ISBN 978-3-8426-4233-1 (PDF)
ISBN 978-3-8426-4234-8 (EPUB)

Originalausgabe

Die Ratgebermarke der Schlüterschen Verlagsgesellschaft mbH & Co. KG
Hans-Böckler-Allee 7, 30173 Hannover
www.humboldt.de
www.schluetersche.de

Aus Gründen der besseren Lesbarkeit wurde in diesem Buch überwiegend die männliche Form gewählt, nichtsdestoweniger beziehen sich Personenbezeichnungen gleichermaßen auf Angehörige des männlichen und weiblichen Geschlechts sowie auf Menschen, die sich keinem Geschlecht zugehörig fühlen.
Autorin und Verlag haben dieses Buch sorgfältig erstellt und geprüft. Für eventuelle Fehler kann dennoch keine Gewähr übernommen werden. Weder Autorin noch Verlag können für eventuelle Nachteile oder Schäden, die aus in diesem Buch vorgestellten Erfahrungen, Meinungen, Studien, Therapien, Methoden und praktischen Hinweisen resultieren, eine Haftung übernehmen. Insgesamt bieten alle vorgestellten Inhalte und Anregungen keinen Ersatz für eine psychologische Beratung, Betreuung und Behandlung.

Lektorat: Linda Strehl, wort & tat, München
Covergestaltung: ZERO, München
Covermotiv: Shutterstock / Floral Deco, Mimma Key, Marina Tachinska
Illustrationen: stock.adobe.com / Ekaterina
Satz: PER MEDIEN & MARKETING GmbH, Braunschweig
Druck und Bindung: gutenberg beuys feindruckerei GmbH, Langenhagen